PLATÓN

AF273681

FEDÓN

o

DEL ALMA

EDITORIAL
maxtor

Diseño, maquetación e impresión:
Gráficas MAXTOR
Fray Luis de León, 20
47002 Valladolid
Tel.: 983 090 110
pedidos@maxtor.es
www.maxtor.es

I.S.B.N. : 978-84-1171-051-0

Depósito Legal : DL VA 285-2024

Platón

Platón (423 a.C. - 348 a.C.) fue un filósofo griego clásico, matemático, seguidor de Sócrates, escritor de diálogos filosóficos y fundador de la Academia de Atenas, la primera institución de enseñanza superior en el mundo occidental.

Junto con su mentor, Sócrates, y su alumno, Aristóteles, Platón ayudó a sentar las bases de la filosofía y la ciencia occidentales. Influyó en una amplia gama de materias, desde filosofía hasta matemáticas, lógica y ética.

Nació en una familia aristocrática de Atenas. Esto le permitió obtener una buena educación, donde pronto impresionó a los que lo rodeaban con su velocidad de aprendizaje y claridad de pensamiento. Un elemento clave de los escritos de Platón son sus frecuentes referencias a Sócrates. Sócrates aparece en la mayoría de los escritos de Platón, y está claro que sus diálogos socráticos tuvieron una gran influencia en el joven Platón.

Es sólo a través de Platón que tenemos una idea clara de la filosofía y el estilo de vida de Sócrates. En «Apología de Sócrates», Platón escribe un relato de Sócrates defendiéndose en un juicio que finalmente llevó a su propia muerte. Sin embargo, Platón no sólo estaba transcribiendo las palabras de Sócrates, sino que también estaba usando sus propias interpretaciones e ideas que aprendió de él.

Escribió sobre una amplia gama de temas, pero es la ética y filosofía general lo que parecía ser su mayor interés. Escribió sobre la distinción entre el cuerpo (mundo corpóreo) y el alma. También vio una distinción entre la imperfección del mundo material y los ideales más elevados que trascienden las imperfecciones materiales.

Platón sintió que alguien con una «mente filosófica» podía diferenciar entre las limitaciones externas y los más altos ideales de belleza, verdad, unidad y justicia. Es una filosofía que insinúa las limitaciones del mundo material y mental y promueve a aspirar a ideales más elevados.También menciona que la vida que vivimos se basa en elecciones previas, ya sea en esta encarnación del alma o en encarnaciones previas.

La filosofía de Platón también fue fuertemente influenciada por Pitágoras, especialmente sus puntos de vista religiosos sobre la trasmigración.

En Política, Platón desarrolló la idea de un «Rey Filósofo» que debía ser amante de la sabiduría desarrollando las cualidades necesarias para gobernar sobre su pueblo con sabiduría y justicia. Hace la analogía con un capitán de barco o un médico. Alguien que sabe mejor que nadie lo que su paciente necesita.

«Hasta que los filósofos gobiernen como reyes o aquellos que ahora son llamados reyes y dirijan a los hombres genuina y adecuadamente filosofen, es decir, hasta que el poder político y la filosofía coincidan completamente, mientras que las muchas naturalezas que en la actualidad persiguen a cualquiera de las dos exclusivamente se vean impedidas por la fuerza de hacerlo, las ciudades no tendrán descanso de los males…, ni tampoco, creo, lo tendrá la raza humana». (República 473c-d).

Esto hizo de Platón un crítico del actual sistema democrático ateniense.

Platón no escribe tratados, sino de manera indirecta, animando al lector a hacer preguntas y a pensar por sí mismo. También hay signos de desarrollo y cambios en el pensamiento, aunque algo de esto se debe a la incertidumbre de si las cartas atribuidas a Platón fueron escritas por él. Pero, al igual que su maestro Sócrates, Platón está a menudo feliz de desempeñar el papel de observador en lugar de predicador.

FEDÓN o DEL ALMA

Equécrates y Fedón.

Sócrates – Apolodoro – Cebes – Simmias – Critón.

Fedón – Jantipa – El servidor de los Once.

Equécrates — Fedón, ¿estuviste tú mismo cerca de Sócrates el día que bebió la cicuta en la prisión, o sólo sabes de oídas lo que pasó?

Fedón — Yo mismo estaba allí, Equécrates.

Equécrates — ¿Qué dijo en sus últimos momentos y de qué manera murió? Te oiré con gusto, porque no tenemos a nadie que de Flionte vaya a Atenas; ni tampoco ha venido de Atenas ninguno que nos diera otras noticias acerca de este suceso, que la de que Sócrates había muerto después de haber bebido la cicuta. Nada más sabemos.

Fedón — ¿No habéis sabido nada de su proceso ni de las cosas que ocurrieron?

Equécrates — Sí; lo supimos, porque no ha faltado quien nos lo refiriera; y sólo hemos extrañado el que la sentencia no hubiera sido ejecutada ta luego como recayó. ¿Cuál ha sido la causa de esto, Fedón?

Fedón — Una circunstancia particular. Sucedió que la víspera del juicio se había coronado la popa del buque que los atenienses envían cada año a Delos.

Equécrates — ¿Qué buque es ese?

Fedón — Al decir de los atenienses, es el mismo buque en que Teseo condujo a Creta en otro tiempo a los siete jóvenes de cada sexo, que salvó, salvándose a sí mismo. Dícese que cuando partió el buque, los atenienses ofrecieron a Apolo que si Teseo y sus compañeros escapaban de la muerte, enviarían todos los años a Delos una expedición; y desde entonces nunca han dejado de cumplir este voto. Cuando llega la época de verificarlo, la ley ordena que la ciudad esté pura, y prohíbe ejecutar sentencia alguna de muerte antes que el buque haya llegado a Delos y vuelto a Atenas; y algunas veces el viaje dura mucho, como cuando los vientos son contrarios. La expedición empieza desde el momento en que el sacerdote de Apolo ha coronado la popa del buque, lo que tuvo lugar, como ya te dije, la víspera del juicio de Sócrates. Dé aquí por qué ha pasado tan largo intervalo entre su condena y su muerte.

Equécrates — ¿Y qué pasó entonces? ¿Qué dijo, qué hizo? ¿Quiénes fueron los amigos que permanecieron cerca de él? ¿Quizá los magistrados no les permitieron asistirle en sus últimos momentos, y Sócrates murió privado de la compañía de sus amigos?

Fedón — No; muchos de sus amigos estaban presentes; en gran número.

Equécrates — Tómate el trabajo de referírmelo todo, hasta los más minuciosos pormenores, a no ser que algún negocio urgente te lo impida.

Fedón — Nada de eso; estoy desocupado, y voy a darte gusto; porque para mí no hay placer más grande que recordar a Sócrates, ya hablando yo mismo de él, ya escuchando a otros que de él hablen.

Equécrates — De ese mismo modo encontrarás dispuestos a tus oyentes; y así, comienza, y procura en cuanto te sea posible no omitir nada.

Fedón — Verdaderamente este espectáculo hizo sobre mí una impresión extraordinaria. Yo no experimentaba la compasión que era natural que experimentase asistiendo a la muerte de un amigo. Por el contrario, Equécrates, al verle y escucharle, me parecía un hombre dichoso; tanta fue la firmeza y dignidad con que murió.

»Creía yo que no dejaba este mundo sino bajo la protección de los dioses, que le tenían reservada en el otro una felicidad tan grande, que ningún otro mortal ha gozado jamás otra igual; y así, no me vi sobrecogido de esa penosa compasión que parece debía inspirarme esta escena de duelo.

»Tampoco sentía mi alma el placer que se mezclaba ordinariamente en nuestras pláticas sobre la filosofía; porque en aquellos momentos también fue este el objeto de nuestra conversación; sino que en lugar de esto, yo no sé qué de extraordinario pasaba en mí; sentía como una mezcla, hasta entonces desconocida, de placer y dolor, cuando me ponía a considerar que dentro de un momento este hombre admirable iba a abandonarnos para siempre; y cuantos estaban presentes se hallaban, poco más o menos, en la misma disposición. Se nos veía tan pronto sonreír como derramar lágrimas; sobre todo a Apolodoro; tú conoces a este hombre y su carácter.

Equécrates — ¿Cómo no he de conocer a Apolodoro?

Fedón — Se abandonaba por entero a esta diversidad de emociones; y yo mismo no estaba menos turbado que todos los demás.

Equécrates — ¿Quiénes eran los que se encontraban allí, Fedón?

Fedón — De nuestros compatriotas, estaban: Apolodoro, Critóbulo y su padre, Critón, Hermógenes, Epígenes, Esquines y Antístenes. También estaban Ctesipo, del pueblo de Peanea, Menéxenes y algunos otros del país. Platón creo que estaba enfermo.

Equécrates — ¿Y había extranjeros?

Fedón — Sí; Simmias, de Tebas, Cebes y Fedondes; y de Megara, Euclides y Terpsion.

Equécrates — Arístipo y Cleombroto, ¿no estaban allí?

Fedón — No; se decía que estaban en Egina.

Equécrates — ¿No había otros?

Fedón — Creo que, poco más o menos, estaban los que te he dicho.

Equécrates — Ahora bien; ¿sobre qué decías que había versado la conversación?

Fedón — Todo te lo puedo contar punto por punto, porque desde la condenación de Sócrates no dejamos ni un solo día de verle. Como la plaza pública, donde había tenido lugar el juicio, estaba cerca de la prisión, nos reuníamos allí de madrugada, y conversando aguardábamos a que se abriera la cárcel, que nunca era temprano. Una vez se abría, entrábamos; y pasábamos ordinariamente todo el día con él. Pero el día de la muerte nos reunimos más temprano que de costumbre. Habíamos sabido la víspera, al salir por la tarde de la prisión, que el buque había vuelto de Delos.

Convinimos todos en ir al día siguiente al sitio acostumbrado lo más temprano que se pudiera, y ninguno faltó a la cita. El alcaide, que comúnmente era nuestro introductor, se adelantó, y vino donde estábamos para decirnos que esperáramos hasta que nos avisara, porque los Once, nos añadió, están en este momento mandando quitar los grillos a Sócrates, y dando orden para que muera hoy.

Pasados algunos momentos, vino el alcaide y nos abrió la prisión. Al entrar, encontramos a Sócrates, a quien acababan de quitar los grillos, y a Jantipa, ya la conoces, que tenía uno de sus hijos en los brazos. Apenas nos vio, comenzó a deshacerse en lamentaciones, y a decir todo lo que las mujeres acostumbran en semejantes circunstancias.

—¡Sócrates —gritó ella—, hoy es el último día en que te hablarán tus amigos y en que tú les hablarás!

Pero Sócrates, dirigiendo una mirada a Critón, le dijo: que la lleven a su casa. En el momento, algunos esclavos de Critón condujeron a Jantipa, que iba dando gritos y golpeándose el rostro. Entonces Sócrates, tomando asiento, dobló la pierna, libre ya de los hierros, la frotó con la mano, y nos dijo: es cosa singular, amigos míos, lo que los hombres llaman placer; y ¡qué relaciones maravillosas mantiene con el dolor, que se considera como su contrario! Porque el placer y el dolor no se encuentran nunca a un mismo tiempo; y sin embargo, cuando se experimenta el uno, es preciso aceptar el otro, como si un lazo natural los hiciese inseparables. Siento que a Esopo no haya ocurrido esta idea, porque hubiera inventado una fábula, y nos hubiese dicho que Dios quiso un día reconciliar a estos dos enemigos, y que no habiendo podido conseguirlo, los ató a una misma cadena y por esta razón, en el momento que uno llega, se ve bien pronto llegar a su compañero. Yo acabo de tener la experiencia por mí mismo; puesto que veo que al dolor, que los hierros me hacían sufrir en esta pierna, sucede ahora el placer.

—Verdaderamente, Sócrates —dijo Cebes—, haces bien en traerme este recuerdo; porque a propósito de las poesías que has compuesto, de las fábulas de Esopo que has puesto en verso y de tu himno a Apolo, algunos, principalmente Eveno, me han preguntado recientemente por qué motivo te habías dedicado a componer versos desde que estabas preso, cuando no lo has hecho en tu vida. Si tienes algún interés en que pueda responder a Eveno, cuando vuelva a hacerme la misma pregunta, y estoy seguro de que la hará, dime lo que he de contestarle.

—Pues bien, mi querido Cebes —replicó Sócrates—, dile la verdad; que no lo he hecho seguramente por hacerme su rival en poesía, porque ya sabía que esto no me era fácil; sino que lo hice por depurar el sentido de ciertos sueños y aquietar mi conciencia respecto a ellos; para ver si por casualidad era la poesía aquella de las bellas artes a que me ordenaban que me dedicara; porque muchas veces, en el curso de mi vida, mi mismo sueño me ha aparecido tan pronto con una forma, como con otra, pero prescribiéndome siempre la misma cosa: Sócrates, me decía, cultiva las bellas artes.

»Hasta ahora había tomado esta orden por una simple indicación, y me imaginaba que, a la manera de las excitaciones con que alentamos a los que corren en la lid, estos sueños que me prescribían el estudio de las bellas artes, me exhortaban sólo a continuar en mis ocupaciones acostumbradas; puesto que la filosofía es la primera de las artes, y yo vivía entregado por entero a la filosofía. Pero después de mi sentencia y durante el intervalo que me dejaba la fiesta del Dios, pensé que si eran las bellas artes, en el sentido estricto, a las que querían los sueños que me dedicara, era preciso obedecerles, y para tranquilizar mi conciencia no abandonar la vida hasta haber satisfecho a los dioses, componiendo al efecto versos según lo ordenaba el sueño. Comencé, pues, por cantar en honor del Dios, cuya fiesta se celebraba; en seguida, reflexionando que un poeta, para ser verdadero poeta, no debe componer discursos en verso sino inventar ficciones, y no reconociendo en mí este talento, me decidí a trabajar sobre las fábulas de Esopo; puse en verso las que sabía, y que fueron las primeras que vinieron a mi memoria. He aquí, mi querido Cebes, lo que habrás de decir a Eveno. Salúdale también en mi nombre, y dile que, si es sabio, que me siga, porque al parecer hoy es mi último día, puesto que los atenienses lo tienen ordenado.

Entonces Simmias dijo:

—¡Ah!, Sócrates, qué consejo das a Eveno! Verdaderamente he hablado con él muchas veces pero, a mi juicio, no se prestará muy voluntariamente a aceptar tu invitación.

—¿Qué? —repuso Sócrates—. ¿Eveno no es filósofo?

—Por tal le tengo —respondió Simmias.

—Pues bien —dijo Sócrates—, Eveno me seguirá como todo hombre que se ocupe dignamente de filosofía. Sé bien que no se suicidará, porque esto no es lícito.

Diciendo estas palabras se sentó al borde de su cama, puso los pies en tierra, y habló en esta postura todo el resto del día.

Cebes le preguntó:

—¿Cómo es, Sócrates, que no está permitido atentar a la propia vida, y sin embargo, el filósofo debe querer seguir a cualquiera que muere?

—¿Y qué, Cebes? —replicó Sócrates—. ¿Ni tú ni Simmias habéis oído hablar nunca de esta cuestión a vuestro amigo Filolao?

—Jamás —respondió Cebes— se explicó claramente sobre este punto .

—Yo —replicó Sócrates— no sé más que lo que he oído decir, y no os ocultaré lo que he sabido. Así como así no puede darse una ocupación más conveniente para un hombre que va a partir bien pronto de este mundo, que la de examinar y tratar de conocer a fondo ese mismo viaje, y descubrir la opinión que sobre él tengamos formada. ¿En qué mejor cosa podemos emplearnos hasta la puesta del sol?

—¿En qué se fundan, Sócrates —dijo Cebes—, los que afirman que no es permitido suicidarse? He oído decir a Filolao, cuando estaba con nosotros, y a otros muchos, que esto era malo; pero nada he oído que me satisfaga sobre este punto.

—Cobra ánimo —dijo Sócrates—, porque hoy vas a ser más afortunado; pero te sorprenderás al ver que el vivir es para todos los hombres una necesidad absoluta e invariable, hasta para aquellos mismos a quienes vendría mejor la muerte que la vida; y tendrás también por cosa extraña que no sea permitido a aquellos, para quienes la muerte es preferible a la vida, procurarse a sí mismos este bien, y que estén obligados a esperar otro libertador.

Entonces Cebes, sonriéndose, dijo a la manera de su país:

—Dios lo sabe.

—Esta opinión puede parecer irracional —repuso Sócrates—, pero no es porque carezca de fundamento. No quiero alegar aquí la máxima, enseñada en los misterios, de que nosotros estamos en este mundo cada uno como en su puesto, y que nos está prohibido abandonarlo sin permiso. Esta máxima es demasiado elevada, y no es fácil penetrar todo lo que ella encierra. Pero he aquí otra más accesible, y que me parece incontestable; y es que los dioses tienen cuidado de nosotros, y que los hombres pertenecen a los dioses. ¿No es esto una verdad?

—Muy cierto —dijo Cebes.

— Tú mismo —repuso Sócrates—, si uno de tus esclavos se suicidase sin tu orden, ¿no montarías en cólera contra él, y no le castigarías rigurosamente, si pudieras?

—Sí, sin duda.

—Por la misma razón —dijo Sócrates—, es justo sostener que no hay razón para suicidarse, y que es preciso que Dios nos envió una orden formal para morir, como la que me envía a mí en este día.

—Lo que dices me parece probable —dijo Cebes—, pero decías al mismo tiempo que el filósofo se presta gustoso a la muerte, y esto me parece extraño, si es cierto que los dioses cuidan de los hombres, y que los hombres pertenecen a los dioses; porque, ¿cómo pueden los filósofos desear no existir, poniéndose fuera de la tutela de los dioses, y abandonar una vida sometida al cuidado de los mejores gobernadores del mundo? Esto no me parece en manera alguna racional. ¿Creen que serán más capaces de gobernarse cuando se vean libres del cuidado de los dioses? Comprendo que un mentecato pueda pensar que es preciso huir de su amo a cualquier precio; porque no comprende que siempre conviene estar al lado de lo que es bueno, y no perderlo de vista; y por tanto si huye, lo hará sin razón. Pero un hombre sabio debe desear permanecer siempre bajo la dependencia de quien es mejor que él. De donde infiero, Sócrates, todo lo contrario de lo que tú decías; y pienso que a los sabios aflige la muerte y que a los mentecatos les regocija.

Sócrates manifestó cierta complacencia al notar la sutileza de Cebes; y dirigiéndose a nosotros, nos dijo:

—Cebes siempre encuentra objeciones, y no se fija mucho en lo que se le dice.

—Pero —dijo entonces Simmias—, yo encuentro alguna razón en lo que dice Cebes. En efecto, ¿qué pretenden los sabios al huir de dueños mucho mejores que ellos, y al privarse voluntariamente de su auxilio? A ti es a quien dirige este razonamiento Cebes, y te echa en cara que te separas de nosotros voluntariamente, y que abandonas a los dioses que, según tu mismo parecer, son tan buenos amos.

—Tenéis razón —dijo Sócrates—, y veo que ya queréis obligarme a que me defienda aquí como me he defendido en el tribunal.

—Así es —dijo Simmias.

—Es preciso, pues, satisfaceros —replicó Sócrates—, y procurar que esta apología tenga mejor resultado respecto a vosotros, que el que tuvo la primera respecto a los jueces. En verdad, Simmias y Cebes, si no creyese encontrar en el otro mundo dioses tan buenos y tan sabios, y hombres mejores que los que dejo en este, sería un necio si no me manifestara pesaroso de morir. Pero sabed que espero reunirme allí con hombres justos. Puedo quizá hacerme ilusiones respecto a esto; pero en cuanto a encontrar allí dioses que son muy buenos dueños, yo lo aseguro en cuanto pueden asegurarse cosas de esta naturaleza. He aquí por qué no estoy tan afligido en estos momentos, esperando que hay algo reservado para los hombres después de esta vida, y que, según la antigua máxima, los buenos serán mejor tratados que los malos.

—¿Pero qué, Sócrates? —replicó Simmias— ¿Será posible que nos abandones sin hacernos partícipes de esas convicciones de tu alma? Me parece que este bien nos es a todos común; y si nos convences de tu verdad, tu apología está hecha.

—Eso es lo que pienso hacer —respondió—, pero antes veamos lo que Critón quiere decirnos. Me parece que ha rato intenta hablarnos.

—No es más —dijo Critón—, sino que el hombre, que debe darte el veneno, no ha cesado de decirme largo rato ha, que se te advierta que hables poco, porque dice que el hablar mucho acalora, y que no hay cosa más opuesta, para que produzca efecto el veneno; por lo que es preciso dar dos y tres tomas, cuando se está de esta suerte acalorado.

—Déjale que hable —respondió Sócrates— y que prepare la cicuta, como si hubiera necesidad de dos tomas y de tres, si fuese necesario.

—Ya sabía yo que darías esta respuesta —dijo Critón— pero él no desiste de sus advertencias.

—Dejadle que diga —repuso Sócrates—; ya es tiempo de que explique delante de vosotros, que sois mis jueces, las razones que tengo para probar que un hombre, que se ha consagrado toda su vida a la filosofía, debe morir con mucho valor, y con la firme esperanza de que gozará después de la muerte bienes infinitos. Voy a daros las pruebas, Simmias y Cebes.

»Los hombres ignoran que los verdaderos filósofos no trabajan durante su vida sino para prepararse a la muerte; y siendo esto así, sería ridículo que después de haber proseguido sin tregua este único fin, recelasen y temiesen, cuando se les presenta la muerte.

En este momento Simmias echándose a reír, dijo a Sócrates:

—¡Por Júpiter!, tú me has hecho reír, a pesar de la poca gana que tengo de hacerlo en estos momentos; porque estoy seguro de que si hubiera aquí un público que te escuchara, los más no dejarían de decir que hablas muy bien de los filósofos. Nuestros tebanos, sobre todo, consentirían gustosos en que todos los filósofos aprendieran tan bien a morir, que positivamente se murieran; y dirían que saben bien que esto es precisamente lo que se merecen.

—Dirían verdad, Simmias —repuso Sócrates—, salvo un punto que ignoran, y es por qué razón los filósofos desean morir, y por qué son dignos de la muerte. Pero dejemos a los tebanos, y hablemos nosotros. La muerte, ¿es alguna cosa?

—Sí, sin duda —respondió Simmias.

—¿No es —repuso Sócrates— la separación del alma y el cuerpo, de manera que el cuerpo queda solo de un lado y el alma sola de otro? ¿No es esto lo que se llama la muerte?

—Lo es —dijo Simmias.

—Vamos a ver, mi querido amigo, si piensas como yo, porque de este principio sacaremos magníficos datos para resolver el problema que nos ocupa. ¿Te parece digno de un filósofo buscar lo que se llama el placer como, por ejemplo, el de comer y beber?

—No, Sócrates.

—¿Y los placeres del amor?

—De ninguna manera.

—Y respecto a todos los demás placeres que afectan al cuerpo, ¿crees tú que deba buscarlos y apetecer, por ejemplo, trajes hermosos, calzado elegante, y todos los demás adornos del cuerpo? ¿Crees tú que debe estimarlos o despreciarlos, siempre que la necesidad no le fuerce a servirse de ellos?

—Me parece —dijo Simmias— que un verdadero filósofo no puede menos de despreciarlos.

—Te parece entonces —repuso Sócrates— que todos los cuidados de un filósofo no tienen por objeto el cuerpo; y que, por el contrario, procura separarse de él cuanto le es posible, para ocuparse sólo de su alma.

—Seguramente.

—Así, pues, entre todas estas cosas de que acabo de hablar —replicó Sócrates—, es evidente que lo propio y peculiar del filósofo es trabajar más particularmente que los demás hombres en desprender su alma del comercio del cuerpo.

—Evidentemente —dijo Simmias—, y sin embargo, la mayor parte de los hombres se figuran que el que no tiene placer en esta clase de cosas y no las aprovecha, no sabe verdaderamente vivir; y creen que el que no disfruta de los placeres del cuerpo, está bien cercano a la muerte.

—Es verdad, Sócrates.

—¿Y qué diremos de la adquisición de la ciencia? El cuerpo, ¿es o no un obstáculo cuando se le asocia a esta indagación? Voy a explicarme por medio de un ejemplo. La vista y el oído, ¿llevan consigo alguna especie de certidumbre, o tienen razón los poetas cuando en sus cantos nos dicen sin cesar, que realmente ni oímos ni vemos? Porque si estos dos sentidos no son seguros ni verdaderos, los demás lo serán mucho menos, porque son más débiles. ¿No lo crees como yo?

—Sí, sin duda —dijo Simmias.

—¿Cuándo encuentra entonces el alma la verdad? Porque mientras la busca con el cuerpo, vemos claramente que este cuerpo la engaña y la induce a error.

—Es cierto.

—¿No es por medio del razonamiento como el alma descubre la verdad?

—Sí.

—¿Y no razona mejor que nunca cuando no se ve turbada por la vista, ni por el oído, ni por el dolor, ni por el placer; y cuando, encerrada en sí misma, abandona al cuerpo, sin mantener con él relación alguna, en cuanto esto es posible, fijándose en el objeto de sus indagaciones para conocerlo?

—Perfectamente dicho.

—¿Y no es entonces cuando el alma del filósofo desprecia el cuerpo, huye de él, y hace esfuerzos para encerrarse en sí misma?

—Así me parece.

—¿Qué diremos ahora de ciertas cosas, Simmias, como la justicia, por ejemplo? ¿Diremos que es algo, o que no es nada?

—Diremos que es alguna cosa, seguramente.

—¿Y no podremos decir otro tanto del bien y de lo bello?

—Sin duda.

—¿Pero has visto tú estos objetos con tus ojos?

—Nunca.

—¿Existe algún otro sentido corporal, por el que hayas percibido alguna vez estos objetos de que estamos hablando, como la magnitud, la salud, la fuerza; en una palabra, la esencia de todas las cosas, es decir, aquello que ellas son en sí mismas? ¿Es por medio del cuerpo como se conoce la realidad de estas cosas? ¿O es cierto que cualquiera de nosotros, que quiera examinar con el pensamiento lo más profundamente que sea posible lo que intente saber, sin mediación del cuerpo, se aproximará más al objeto y llegará a conocerlo mejor?

—Seguramente.

—¿Y lo hará con mayor exactitud el que examine cada cosa con sólo el pensamiento, sin tratar de auxiliar su meditación con la vista, ni sostener su razonamiento con ningún otro sentido corporal; o el que sirviéndose del pensamiento, sin más, intente descubrir la esencia pura y verdadera de las cosas sin el intermedio de los ojos, ni de los oídos; desprendido, por decirlo así, del cuerpo por entero, que no hace más que turbar el alma, e impedir que encuentre la verdad siempre que con él tiene la menor relación? Si alguien puede llegar a conocer la esencia de las cosas, ¿no será, Simmias, el que te acabo de describir?

—Tienes razón, Sócrates, y hablas admirablemente.

—De este principio —continuó Sócrates— ¿no se sigue necesariamente que los verdaderos filósofos deban pensar y discurrir para sí de esta manera? La razón no tiene más que un camino que seguir en sus indagaciones; mientras tengamos nuestro cuerpo, y nuestra alma esté sumida en esta corrupción, jamás poseeremos el objeto de nuestros deseos; es decir, la verdad. En efecto, el cuerpo nos opone mil obstáculos por la necesidad en que estamos de alimentarle, y con esto y las enfermedades que sobrevienen, se turban nuestras indagaciones. Por otra parte, nos llena de amores, de deseos, de temores, de mil quimeras y de toda clase de necesidades; de manera que nada hay más cierto que lo que se dice ordinariamente: que el cuerpo nunca nos conduce a la sabiduría. Porque, ¿de dónde nacen las guerras, las sediciones y los combates? Del cuerpo con todas sus pasiones. En efecto; todas las guerras no proceden sino del ansia de amontonar riquezas, y nos vemos obligados a amontonarlas a causa del cuerpo, para servir como esclavos a sus necesidades. He aquí por qué no tenemos tiempo para pensar en la filosofía; y el mayor de nuestros males consiste en que en el acto de tener tiempo y ponernos a meditar, de repente interviene el cuerpo en nuestras indagaciones, nos embaraza, nos turba y no nos deja discernir la verdad. Está demostrado que si queremos saber verdaderamente alguna cosa, es preciso que abandonemos el cuerpo, y que el alma sola examine los objetos que quiere conocer. Sólo entonces gozamos de la sabiduría, de que nos mostramos tan celosos; es decir, después de la muerte, y no durante la vida. La razón misma lo dicta; porque si es imposible conocer nada en su pureza mientras que vivimos con el cuerpo, es preciso que suceda una de dos cosas: o que no se conozca nunca la verdad, o que se la conozca después de la muerte, porque entonces el alma, libre de esta carga, se pertenecerá a sí misma; pero mientras estemos en esta vida, no nos aproximaremos a la verdad, sino en razón de nuestro alejamiento del cuerpo, renunciando a todo comercio con él, y cediendo sólo a la necesidad; no permitiendo que nos inficione con su corrupción natural, y conservándonos puros de todas estas manchas, hasta que Dios mismo venga a libertarnos. Entonces, libres de la locura del cuerpo, conversaremos, así lo espero, con hombres que gozarán la misma libertad, y conoceremos por nosotros mismos la esencia pura de las cosas; porque quizá la verdad sólo en esto consiste; y no es permitido alcanzar esta pureza al que no es asimismo puro. He aquí, mi querido Simmias, lo que me parece que deben pensar los verdaderos filósofos, y el lenguaje que deben usar entre sí. ¿No lo crees como yo?

—Seguramente, Sócrates.

—Si esto es así, mi querido Simmias, todo hombre que llegue a verse en la situación en que yo me hallo, tiene un gran motivo para esperar que allá, mejor que en otra parte, poseerá lo que con tanto trabajo buscamos en este mundo; de suerte que este viaje, que se me ha impuesto, me llena de una dulce esperanza; y hará el mismo efecto sobre todo hombre que se persuada, que su alma está preparada, es decir, purificada para conocer la verdad. Y bien; purificar el alma, ¿no es, como antes decíamos, separarla del cuerpo, y acostumbrarla a encerrarse y recogerse en sí misma, renunciando al comercio con aquel cuanto sea posible, y viviendo, sea en esta vida, sea en la otra, sola y desprendida del cuerpo, como quien se desprende de una cadena?

—Es cierto, Sócrates.

—Y a esta libertad, a esta separación del alma y del cuerpo, ¿no es a lo que se llama la muerte?

—Seguramente.

—Y los verdaderos filósofos, ¿no son los únicos que verdaderamente trabajan para conseguir este fin? ¿No constituye esta separación y esta libertad toda su ocupación?

—Así me lo parece, Sócrates.

—¿No sería una cosa ridícula, como dije al principio, que después de haber gastado un hombre toda su vida en prepararse para la muerte, se indignase y se aterrase al ver que la muerte llega? ¿No sería verdaderamente ridículo?

—¿Cómo no?

—Es cierto, por consiguiente, Simmias, que los verdaderos filósofos se ejercitan para la muerte, y que esta no les parece de ninguna manera terrible. Piénsalo tú mismo. Si desprecian su cuerpo y desean vivir con su alma sola, ¿no es el mayor absurdo, que cuando llega este momento, tengan miedo, se aflijan y no marchen gustosos allí, donde esperan obtener los bienes porque han suspirado durante toda su vida y que son la sabiduría, y el verse libres del cuerpo, objeto de su desprecio? ¡Qué! Muchos hombres, por haber perdido sus amigos, sus esposas, sus hijos, han bajado voluntariamente a los infiernos, conducidos por la única esperanza de volver a ver los que habían perdido, y vivir con ellos; y un hombre, que ama verdaderamente la sabiduría, y que tiene la firme esperanza de encontrarla en los infiernos, ¿sentirá la muerte, y no irá lleno de placer a aquellos lugares donde gozará de lo que tanto ama? ¡Ah!, mi querido Simmias; hay que creer que irá con el mayor placer, si es verdadero filósofo, porque estará firmemente persuadido de que en ninguna parte, fuera de los infiernos, encontrará esta sabiduría pura que busca. Siendo esto así, ¿no sería una extravagancia, como dije antes, que un hombre de estas condiciones temiera la muerte?

—¡Por Júpiter!, sí lo sería —respondió Simmias.

—Por consiguiente, siempre que veas a un hombre estremecerse y retroceder cuando está a punto de morir, es una prueba segura de que tal hombre ama, no la sabiduría, sino su cuerpo, y con el cuerpo los honores y riquezas, o ambas cosas a la vez.

—Así es, Sócrates.

—Así, pues, lo que se llama fortaleza, ¿no conviene particularmente a los filósofos? Y la templanza, que sólo en el nombre es conocida por los más de los hombres; esta virtud, que consiste en no ser esclavo de sus deseos, sino en hacerse superior a ellos, y en vivir con moderación, ¿no conviene particularmente a los que desprecian el cuerpo y viven entregados a la filosofía?

—Necesariamente.

—Porque si quieres examinar la fortaleza y la templanza de los demás, encontrarás que son muy ridículas.

—¿Cómo, Sócrates?

—Sabes que todos los demás hombres creen que la muerte es muno de los mayores males.

—Es cierto —dijo Simmias.

—Así que cuando estos hombres, que se llaman fuertes, sufren la muerte con algún valor, no la sufren sino por temor a un mal mayor.

—Es preciso convenir en ello.

—Por consiguiente, los hombres son fuertes a causa del miedo, excepto los filósofos: ¿y no es una cosa ridícula que un hombre sea valiente por timidez?

—Tienes razón, Sócrates.

—Y entre esos mismos hombres que se dicen moderados o templados, lo son por intemperancia, y aunque parezca esto imposible a primera vista, es el resultado de esa templanza loca y ridícula; porque renuncian a un placer por el temor de verse privados de otros placeres que desean, y a los que están sometidos. Llaman, en verdad, intemperancia al ser dominado por las pasiones; pero al mismo tiempo ellos no vencen ciertos placeres sino en interés de otras pasiones a que están sometidos y que los sub-yugan; y esto se parece a lo que decía antes, que son templados y moderados por intemperancia.

—Esto me parece muy cierto.

—Mi querido Simmias, no hay que equivocarse; no se camina hacia la virtud cambiando placeres por placeres, tristezas por tristezas, temores por te-mores, y haciendo lo mismo que los que cambian una moneda en menudo. La sabiduría es la única moneda de buena ley, y por ella es preciso cambiar todas las demás cosas. Con ella se compra todo y se tiene todo: fortaleza, templanza, justicia; en una palabra, la virtud no es verdadera sino con la sa-biduría, independientemente de los placeres, de las tristezas, de los temores y de todas las demás pasiones. Mientras que, sin la sabiduría, todas las demás virtudes, que resultan de la transacción de unas pasiones con otras, no son más que sombras de virtud; virtud esclava del vicio, que nada tiene de verdadero ni de sano. La verdadera virtud es una purificación de toda suerte de pasiones. La templan-za, la justicia, la fortaleza y la sabiduría misma son purificaciones; y hay muchas señales para creer que los que han establecido las purificaciones no eran personajes despreciables, sino grandes genios, que desde los primeros tiempos han querido hacernos comprender por medio de estos enigmas, que el que vaya a los infiernos sin estar iniciado y purificado, será precipitado en el fango; y que el que llegue allí después de haber cumplido con las expiaciones, será recibido entre los dioses; porque, como dicen los que presiden en los misterios: y éstos, en mi opinión, no son otros que los que han filosofado bien. Nada he perdonado por ser de este número, y he trabajado toda mi vida para conseguirlo. Si mis esfuerzos no han sido inútiles, y si lo he alcanzado, espero en la voluntad de Dios saberlo en este momento. He aquí, mi querido Cebes, mi apología para justificar ante vosotros, por qué, dejándoos y abandonando a los señores de este mundo, ni estoy triste ni desasosegado, en la esperanza de que encontraré allí, como he encontrado en este mundo, buenos amigos y buenos gobernantes, y esto es lo que la multitud no comprende. Pero estaré contento si he conseguido defenderme con mejor fortuna ante vosotros que ante mis jueces atenienses.

Después de que Sócrates hablara de esta manera, Cebes, tomando la palabra, le dijo:

—Sócrates, todo lo que acabas de decir me parece muy cierto. Hay, sin embargo, una cosa que parece increíble a los hombres, y es eso que has dicho del alma. Porque los hombres se imaginan, que cuando el alma ha abandonado el cuerpo, ella desaparece; que el día mismo que el hombre muere, o se marcha con el cuerpo o se desvanece como un vapor, o como un humo que se disipa en los aires y que no existe en ninguna parte. Porque si subsistiese sola, recogida en sí misma y libre de todos los males de que nos has hablado, podríamos alimentar una grande y magnífica esperanza, Sócrates; la de que todo lo que has dicho es verdadero. Pero que el alma vive después de la muerte del hombre, que obra, que piensa; he aquí puntos que quizá piden alguna explicación y pruebas sólidas.

—Dices verdad, Cebes —replicó Sócrates—, ¿pero cómo lo haremos? ¿Quieres que examinemos esos puntos en esta conferencia?

—Tendré mucho placer, respondió Cebes, en oír lo que piensas sobre esta materia.

—No creo —repuso Sócrates—, que cualquiera que nos escuche, aun cuando sea un autor de comedias, pueda echarme en cara que me estoy burlando, y que hablo de cosas que no nos toquen de cerca. Ya que quieres, examinemos la cuestión.

»Preguntémonos, por lo pronto, si las almas de los muertos están o no en los infiernos.Según una opinión muy antigua, las almas, al abandonar este mundo, van a los infiernos, y desde allí vuelven al mundo y vuelven a la vida, después de haber pasado por la muerte. Si esto es cierto, y los hombres después de la muerte vuelven a la vida, se sigue de aquí necesariamente que las almas están en los infiernos durante este intervalo, porque no volverían al mundo si no existiesen, y será una prueba suficiente de que existen, si vemos claramente que los vivos no nacen sino de los muertos; porque si esto no fuese así, sería preciso buscar otras pruebas.

—De hecho —dijo Cebes.

—Pero —replicó Sócrates—, para asegurarse de esta verdad, no hay que concretarse a examinarla con relación a los hombres, sino que es preciso hacerlo con relación a los animales, a las plantas, y a todo lo que nace; porque así se verá que todas las cosas nacen de la misma manera, es decir, de sus contrarias, cuando tienen contrarias.

Por ejemplo; lo bello es lo contrario de lo feo; lo justo de lo injusto; y lo mismo sucede en una infinidad de cosas. Veamos, pues, si es absolutamente necesario que las cosas que tienen sus contrarias sólo nazcan de estas contrarias; como también si cuando una cosa se hace más grande, es de toda necesidad que antes haya sido más pequeña, para adquirir después esta magnitud.

—Sin duda.

—Y cuando se hace más pequeña, si es preciso que haya sido antes más grande, para disminuir después.

—Seguramente.

—Asimismo, lo más fuerte viene de lo más débil; lo más ligero de lo más lento.

—Es una verdad manifiesta.

—Y, cuando una cosa se hace más mala —continuó Sócrates—, ¿no es claro que era mejor, y cuando se hace más justa, no es claro que era más injusta?

—Sin dificultad, Sócrates.

—Así, pues, Cebes, todas las cosas vienen de sus contrarias; es una cosa demostrada.

—Muy suficientemente, Sócrates.

—Pero entre estas dos contrarias, ¿no hay siempre un cierto medio, una doble operación, que lleva de este a aquél y de aquél a este? Entre una cosa más grande y una cosa más pequeña, el medio es el crecimiento y la disminución; al uno llamamos crecer y al otro disminuir.

—En efecto.

—Lo mismo sucede con lo que se llama mezclarse, separarse, calentarse, enfriarse y todas las demás cosas. Y aunque sucede algunas veces, que no tenemos términos para expresar toda esta clase de cambios, vemos, sin embargo, por experiencia, que es siempre de necesidad absoluta que las cosas nazcan las unas de las otras, y que pasen de lo uno a lo otro por un medio.

—Es indudable.

—¡Y qué! —repuso Sócrates— ¿La vida no tiene también su contraria, como la vigilia tiene el sueño?

—Sin duda —dijo Cebes.

—¿Cuál es esta contraria?

—La muerte.

—Estas dos cosas, si son contrarias, ¿no nacen la una de la otra, y no hay entre ellas dos generaciones o una operación intermedia que hace posible el paso de una a otra?

—¿Cómo no?

—Yo —dijo Sócrates— te explicaré la combinación de las dos contrarias de que acabo de hablar, y el paso recíproco de la una a la otra; tú me explicarás la otra combinación. Digo, pues, con motivo del sueño y de la vigilia, que del sueño nace la vigilia y de la vigilia el sueño; que el paso de la vigilia al sueño es el adormecimiento, y el paso del sueño a la vigilia es el acto de despertar. ¿No es esto muy claro?

—Sí, muy claro.

—Dinos a su vez la combinación de la vida y de la muerte. ¿No dices que la muerte es lo contrario de la vida?

—Sí.

—¿Y que la una nace de la otra?

—Sí.

—¿Qué nace entonces de la vida?

—La muerte.

—¿Qué nace de la muerte?

—Es preciso confesar que es la vida.

—De lo que muere —replicó Sócrates— nace por consiguiente todo lo que vive y tiene vida.

—Así me parece.

—Y, por lo tanto —repuso Sócrates—, nuestras almas están en los infiernos después de la muerte.

—Así parece.

—Pero de los medios en que se realizan estas dos contrarias, ¿uno de ellos no es la muerte sensible? ¿No sabemos lo que es morir?

—Seguramente.

—¿Cómo nos arreglaremos entonces? ¿Reconoceremos igualmente a la muerte la virtud de producir su contraria, o diremos que por este lado la naturaleza es coja? ¿No es toda necesidad que el morir tenga su contrario?

—Es necesario.

—¿Y cuál es este contrario?

—Revivir.

—Revivir, si hay un regreso de la muerte a la vida, repuso Sócrates, consiste en verificar este regreso. Por lo tanto, estamos de acuerdo en que los vivos no nacen menos de los muertos, que los muertos de los vivos; prueba incontestable de que las almas de los muertos existen en alguna parte de donde vuelven a la vida.

—Me parece —dijo Cebes—, que lo que dices es una consecuencia necesaria de los principios en que hemos convenido.

—Me parece, Cebes, que no sin razón nos hemos puesto de acuerdo sobre este punto. Examínalo por ti mismo. Si todas estas contrarias no se engendrasen recíprocamente, girando, por decirlo así, en un círculo; y si no hubiese más que una producción directa de lo uno por lo otro, sin ningún regreso de este último al primer contrario que le ha producido, ya comprendes que en este caso todas las cosas tendrían la misma figura, aparecerían de una misma forma, y toda producción cesaría.

—¿Qué dices, Sócrates?

—No es difícil de comprender lo que digo. Si no hubiese más que el sueño, y no tuviese lugar el acto de despertar producido por él, ya ves que entonces todas las cosas nos representarían verdaderamente la fábula de Endimión, y no se diferenciaría en ningún punto, porque las sucedería lo que a Endimión; estarían sumidas en el sueño. Si todo estuviese mezclado sin que esta mezcla produjese nunca separación alguna, bien pronto se verificaría lo que enseñaba Anaxágoras: *todas las cosas estarían juntas.* Asimismo, mi querido Cebes, si todo lo que ha recibido la vida, llegase a morir, y estando muerto, permaneciere en el mismo estado, o lo que es lo mismo, no reviviese; ¿no resultaría necesariamente que todas las cosas concluirían al fin, y que no habría nada que viviese? Porque si de las cosas muertas no nacen las cosas vivas, y si las cosas vivas llegan a morir, ¿no es absolutamente inevitable que todas las cosas sean al fin absorbidas por la muerte?

—Inevitablemente, Sócrates —dijo Cebes—, y cuanto acabas de decir me parece incontestable.

—También me parece a mí, Cebes, que nada se puede objetar a estas verdades, y que no nos hemos engañado cuando las hemos admitido; porque es indudable, que hay un regreso a la vida; que los vivos nacen de los muertos; que las almas de los muertos existen; que las almas buenas libran bien, y que las almas malas libran mal.

Cebes, interrumpiendo a Sócrates, le dijo:

—Lo que dices es un resultado necesario de otro principio que te he oído muchas veces sentar como cierto, a saber: que nuestra ciencia no es más que una reminiscencia. Si este principio es verdadero, es de toda necesidad que hayamos aprendido en otro tiempo las cosas de que nos acordamos en este; y esto es imposible, si nuestra alma no existe antes de aparecer bajo esta forma humana. Esta es una nueva prueba de que nuestra alma es inmortal.

Simmias, interrumpiendo a Cebes, le dijo:

—¿Cómo se puede demostrar este principio? Recuérdamelo, porque en este momento no caigo en ello.

—Hay una demostración muy preciosa —respondió Cebes—, y es que todos los hombres, si se les interroga bien, todo lo encuentran sin salir de sí mismos, cosa que no podría suceder, si en sí mismos no tuvieran las luces de la recta razón. En prueba de ello, no hay más que ponerles delante figuras de geometría u otras cosas de la misma naturaleza, y se ve patentemente esta verdad.

—Si no te das por convencido con esta experiencia, Simmias —replicó Sócrates—, mira si por este otro camino asientes a nuestro parecer. ¿Tienes dificultad en creer que aprender no es más que acordarse?

—No mucha —respondió Simmias—, pero lo que precisamente quiero es llegar al fondo de ese recuerdo de que hablamos; y aunque gracias a lo que ha dicho Cebes, hago alguna memoria y comienzo a creer, no me impide esto el escuchar con gusto las pruebas que tú quieres darnos.

—Helas aquí —replicó Sócrates—. Estamos conformes todos en que, para acordarse, es preciso haber sabido antes la cosa de que uno se acuerda.

—Seguramente.

—¿Convenimos igualmente en que cuando la ciencia se produce de cierto modo es una reminiscencia? Al decir de cierto modo, quiero dar a entender, por ejemplo, como cuando un hombre, viendo u oyendo alguna cosa, o percibiéndola por cualquiera otro de sus sentidos, no conoce sólo esta cosa percibida, sino que al mismo tiempo piensa en otra, que no depende de la misma manera de conocer sino de otra. ¿No diremos con razón que este hombre recuerda la cosa que le ha venido al espíritu?

—¿Qué dices?

—Digo, por ejemplo, que uno es el conocimiento del hombre y otro el conocimiento de una lira.

—Seguramente.

—Pues bien —continuó Sócrates—; ¿no sabes lo que sucede a los amantes, cuando ven una lira, un traje o cualquiera otra cosa, de que el objeto de su amor tiene costumbre de servirse? Al reconocer esta lira, viene a su pensamiento la imagen de aquel a quien ha pertenecido. He aquí lo que se llama reminiscencia; frecuentemente al ver a Simmias, recordamos a Cebes. Podría citarte un millón de ejemplos.

—Hasta el infinito —dijo Simmias.

—He aquí lo que es la reminiscencia; sobre todo, cuando se llega a recordar cosas, que se habían olvidado por el trascurso del tiempo, o por haberlas perdido de vista.

—Es muy cierto —dijo Simmias.

—Pero —replicó Sócrates—, al ver un caballo o una lira pintados, ¿no puede recordarse a un hombre? Y al ver el retrato de Simmias, ¿no puede recordarse a Cebes?

—¿Quién lo duda?

—Con más razón, si se ve el retrato de Simmias, se recordará a Simmias mismo.

—Sin dificultad.

—¿No es claro, entonces, que la reminiscencia la despiertan lo mismo las cosas semejantes, que las desemejantes?

—Así es en efecto.

—Y cuando se recuerda alguna cosa a causa de la semejanza, ¿no sucede necesariamente que el espíritu ve inmediatamente si falta o no al retrato alguna cosa para la perfecta semejanza con el original de que se acuerda?

—No puede menos de ser así —dijo Simmias.

—Fíjate bien, para ver si piensas como yo. ¿No hay una cosa a que llamamos igualdad? No hablo de la igualdad entre un árbol y otro árbol, entre una piedra y otra piedra, y entre otras muchas cosas semejantes. Hablo de una igualdad que está fuera de todos estos objetos. ¿Pensamos que esta igualdad es en sí misma algo o que no es nada?

—Decimos ciertamente que es algo. Sí, ¡por Júpiter!

—¿Pero conocemos esta igualdad?

—Sin duda.

—¿De dónde hemos sacado esta ciencia, este conocimiento? ¿No es de las cosas de que acabamos de hablar; es decir, que viendo árboles iguales, piedras iguales y otras muchas cosas de esta naturaleza, nos hemos formado la idea de esta igualdad, que no es ni estos árboles, ni estas piedras, sino que es una cosa enteramente diferente? ¿No te parece diferente? Atiende a esto: las piedras, los árboles que muchas veces son los mismos, ¿no nos parecen por comparación tan pronto iguales como desiguales?

41

—Seguramente.

—Las cosas iguales parecen algunas veces desiguales; pero la igualdad considerada en sí, ¿te parece desigualdad?

—Jamás, Sócrates.

—¿La igualdad y lo que es igual no son, por consiguiente, una misma cosa?

—No, ciertamente.

—Sin embargo; de estas cosas iguales, que son diferentes de la igualdad, has sacado la idea de la igualdad.

—Así es la verdad, Sócrates —dijo Simmias.

—Y esto se entiende, ya sea esta igualdad semejante ya desemejante respecto de los objetos que han motivado la idea.

—Seguramente.

—Por otra parte; cuando al ver una cosa, tú imaginas otra, sea semejante o desemejante, tiene lugar necesariamente una reminiscencia.

—Sin dificultad.

—Pero dime —repuso Sócrates—: ¿cuándo vemos árboles que son iguales u otras cosas iguales, las encontramos iguales como la igualdad misma, de que tenemos idea, o falta mucho para que sean iguales como esta igualdad?

—Falta mucho.

—¿Convenimos, pues, en que cuando alguno, viendo una cosa, piensa que esta cosa, como la que yo estoy viendo ahora delante de mí, puede ser igual a otra, pero que la falta mucho para ello porque es inferior respecto de ella, será preciso, digo, que aquel, que tiene este pensamiento, haya visto y conocido antes esta cosa a la que dice que la otra se parece, pero imperfectamente?

—Es de necesidad absoluta.

—¿No nos sucede lo mismo respecto de las cosas iguales, cuando queremos compararlas con la igualdad?

—Seguramente, Sócrates.

—Por consiguiente, es de toda necesidad que hayamos visto esta igualdad fintes del momento en que, al ver por primera vez cosas iguales, hemos creído que todas tienden a ser iguales como la igualdad misma, y que no pueden conseguirlo.

—Es cierto.

—También convenimos en que hemos sacado este pensamiento (ni podía salir de otra parte) de alguno de nuestros sentidos, por haber visto o tocado, o, en fin, por haber ejercitado cualquiera otro de nuestros sentidos, porque lo mismo digo de todos.

—Lo mismo puede decirse, Sócrates, tratándose de lo que ahora tratamos.

—Es preciso, por lo tanto, que de los sentidos mismos saquemos este pensamiento: que todas las cosas iguales que caen bajo nuestros sentidos, tienden a esta igualdad inteligible, y que se quedan por debajo de ella. ¿No es así?

—Sí, sin duda, Sócrates.

—Porque antes que hayamos comenzado a ver, oír, y hacer uso de todos los demás sentidos, es preciso que hayamos tenido conocimiento de esta igualdad inteligible, para comparar con ella las cosas sensibles iguales; y para ver que ellas tienden todas a ser semejantes a esta igualdad, pero que son inferiores a la misma.

—Es una consecuencia necesaria de lo que se ha dicho, Sócrates.

—Pero, ¿no es cierto que, desde el instante en que hemos nacido, hemos visto, hemos oído, y hemos hecho uso de todos los demás sentidos?

—Muy cierto.

—Es preciso, entonces, que antes de este tiempo hayamos tenido conocimiento de la igualdad.

—Sin duda.

—Por consiguiente, es absolutamente necesario, que lo hayamos tenido antes de nuestro nacimiento.

—Así me parece.

—Si lo hemos tenido antes de nuestro nacimie to, nosotros sabemos antes de nacer; y después hemos conocido no sólo lo que es igual, lo que es más grande, lo que es más pequeño, sino también todas las cosas de esta naturaleza; porque lo que decimos aquí de la igualdad, lo mismo puede decirse de la belleza, de la bondad, de la justicia, de la santidad; en una palabra, de todas las demás cosas, cuya existencia admitimos en nuestras conversaciones y en nuestras preguntas y respuestas. De suerte que es de necesidad absoluta que hayamos tenido conocimientos antes de nacer.

—Es cierto.

—Y si después de haber tenido estos conocimientos, nunca los olvidáramos, no sólo naceríamos con ellos, sino que los conservaríamos durante toda nuestra vida; porque saber, ¿es otra cosa que conservar la ciencia, que se ha recibido, y no perderla? Y olvidar, ¿no es perder la ciencia que se tenía antes?

—Sin dificultad, Sócrates.

—Y si después de haber tenido estos conocimientos antes de nacer, y haberlos perdido después de haber nacido, llegamos en seguida a recobrar esta ciencia anterior, sirviéndonos del ministerio de nuestros sentidos, que es lo que llamamos aprender; ¿no es esto recobrar la ciencia que teníamos, y no tendremos razón para llamar a esto reminiscencia?

—Con muchísima razón, Sócrates.

—Estamos, pues, conformes en que es muy posible, que aquel que ha sentido una cosa, es decir, que la ha visto, oído o, en fin, percibido por alguno de sus sentidos, piense, con ocasión de estas sensaciones, en una cosa que ha olvidado, y cosa que tenga alguna relación con la percibida, ya se le parezca o ya no se le parezca. De manera que tiene que suceder una de dos cosas: o que nazcamos con estos conocimientos y los conservemos toda la vida; o que los que aprenden, no hagan, según nosotros, otra cosa que recordar, y que la ciencia no sea más que una reminiscencia.

—Así es, Sócrates.

—¿Qué escoges tú, Simmias? ¿Nacemos con conocimientos, o nos acordamos después de haber olvidado lo que sabíamos?

—En verdad, Sócrates, no sé al presente qué escoger.

—Pero, ¿qué pensarías y qué escogerías en este caso? Un hombre que sabe una cosa, ¿puede dar razón de lo que sabe?

—Puede, sin duda, Sócrates.

—¿Y te parece que todos los hombres pueden dar razón de las cosas de que acabamos de hablar?

—Yo querría que fuese así —respondió Simmias—, pero me temo mucho que mañana no encontremos un hombre capaz de dar razón de ellas.

—¿Te parece, Simmias, que todos los hombres tienen esta ciencia?

—Seguramente no.

—¿Ellos no hacen entonces más que recordar las cosas que han sabido en otro tiempo?

—Así es.

—¿Pero en qué tiempo han adquirido nuestras almas esta ciencia? Porque no ha sido después de nacer.

—Ciertamente no.

—¿Ha sido antes de este tiempo?

—Sin duda.

—Por consiguiente, Simmias, nuestras almas existían antes de este tiempo, antes de aparecer bajo esta forma humana; y mientras estaban así, sin cuerpos, sabían.

—A menos que digamos, Sócrates, que hemos adquirido los conocimientos en el acto de nacer; porque esta es la única época que nos queda.

—Sea así, mi querido Simmias —replicó Sócrates—, pero ¿en qué otro tiempo los hemos perdido? Porque hoy no los tenemos según acabamos de decir. ¿Los hemos perdido al mismo tiempo que los hemos adquirido, o puedes tú señalar otro tiempo?

—No, Sócrates; no me había apercibido de que nada significa lo que he dicho.

—Es preciso, pues, hacer constar, Simmias, que si todas estas cosas, que tenemos continuamente en la boca, quiero decir, lo bello, lo justo y todas las esencias de este género, existen verdaderamente, y que si referimos todas las percepciones de nuestros sentidos a estas nociones primitivas como a su tipo, que encontramos desde luego en nosotros mismos, digo, que es absolutamente indispensable, que así como todas estas nociones primitivas existen, nuetra alma haya existido igualmente antes que naciésemos; y si estas nociones no existieran, todos nuestros discursos son inútiles. ¿No es esto incontestable? ¿No es igualmente necesario que si estas cosas existen, hayan también existido nuestras almas antes de nuestro nacimiento; y que si aquellas no existen, tampoco debieron existir estas?

—Esto, Sócrates, me parece igualmente necesario e incontestable; y de todo este discurso resulta, que antes de nuestro nacimiento nuestra alma existía, así como estas esencias, de que acabas de hablarme; porque yo no encuentro nada más evidente que la existencia de todas estas cosas: lo bello, lo bueno, lo justo; y tú me lo has demostrado suficientemente.

—¿Y Cebes? —dijo Sócrates— Porque es preciso que Cebes esté persuadido de ello.

—Yo pienso —dijo Simmias— que Cebes considera tus pruebas muy suficientes, aunque es el más rebelde de todos los hombres para darse por convencido. Sin embargo, supongo que lo está de que nuestra alma existe antes de nuestro nacimiento; pero que exista después de la muerte, es lo que a mí mismo no me parece bastante demostrado; porque esa opinión del pueblo, de que Cebes te hablaba antes, queda aún en pie y en toda su fuerza; la de que, después de muerto el hombre, su alma se disipa y cesa de existir. En efecto, ¿qué puede impedir que el alma nazca, que exista en alguna parte, que exista antes de venir a animar el cuerpo, y que, cuando salga de este, concluya con él y cese de existir?

—Dices muy bien, Simmias —dijo Cebes—, me parece que Sócrates no ha probado más que la mitad de lo que era preciso que probara; porque ha demostrado muy bien que nuestra alma existía antes de nuestro nacimiento; mas para completar su demostración, debía probar igualmente que, después de nuestra muerte, nuestra alma existe lo mismo que existió antes de esta vida.

—Ya os lo he demostrado, Simmias y Cebes, repuso Sócrates; y convendréis en ello, si unís esta última prueba a la que ya habéis admitido; esto es, que los vivos nacen de los muertos. Porque si es cierto que nuestra alma existe antes del nacimiento, y si es de toda necesidad que, al venir a la vida, salga, por decirlo así, del seno de la muerte, ¿cómo no ha de ser igualmente necesario que exista después de la muerte, puesto que debe volver a la vida? Así, pues, lo que ahora me pedís ha sido ya demostrado. Sin embargo, me parece que ambos deseáis profundizar más esta cuestión, y que teméis, como los niños, que, cuando el alma sale del cuerpo, la arrastren los vientos, sobre todo cuando se muere en tiempo de borrascas.

Entonces Cebes, sonriéndose, dijo:

—Sócrates, supón que lo tememos; o más bien, que sin temerlo, está aquí entre nosotros un niño que lo teme, a quien es necesario convencer de que no debe temer la muerte como a un vano fantasma.

—Para esto —replicó Sócrates—, es preciso emplear todos los días encantamientos, hasta que se haya curado de semejante aprensión.

—Pero, Sócrates, ¿dónde encontraremos un buen encantador, puesto que tú vas a abandonarnos?

—La Grecia es grande, Cebes —respondió Sócrates—, y en ella encontraréis muchas personas muy entendidas. Por otra parte, tenéis muchos pueblos extranjeros, y es preciso recorrerlos todos e interrogarlos, para encontrar este encantador, sin escatimar gasto, ni trabajo; porque en ninguna cosa podéis emplear más útilmente vuestra fortuna. También es preciso que lo busquéis entre vosotros, porque quizá no encontraréis otros más capaces que vosotros mismos para estos encantamientos.

—Haremos lo que dices, Sócrates; pero si no te molesta, volvamos a tomar el hilo de nuestra conversación.

—Con mucho gusto, Cebes, ¿y por qué no?

—Perfectamente, Sócrates —dijo Cebes.

—Lo primero que debemos preguntarnos a nosotros mismos —dijo Sócrates—, es cuáles son las cosas que por su naturaleza pueden disolverse;

respecto de que otras deberemos temer que tenga lugar esta disolución; y en cuáles no es posible este accidente. En seguida, es preciso examinar a cuál de estas naturalezas pertenece nuestra alma; y teniendo esto en cuenta, temer o esperar por ella.

—Es muy cierto.

—¿No os parece que son las cosas compuestas, o que por su naturaleza deben serlo, las que deben disolverse en los elementos que han formado su composición; y que si hay seres, que no son compuestos, ellos son los únicos respecto de los que no puede tener lugar este accidente?

—Me parece muy cierto lo que dices —contestó Cebes.

—Las cosas que son siempre las mismas y de la misma manera, ¿no tienen trazas de no ser compuestas? Las que mudan siempre y que nunca son las mismas, ¿no tienen trazas de ser necesariamente compuestas?

—Creo lo mismo, Sócrates.

—Dirijámonos desde luego a esas cosas de que hablamos antes, y cuya verdadera existencia hemos admitido siempre en nuestras preguntas y respuestas. Estas cosas, ¿son siempre las mismas o mudan alguna vez? La igualdad, la belleza, la bondad y todas las existencias esenciales, ¿experimentan a veces algún cambio, por pequeño que sea, o cada una de ellas, siendo pura y simple, subsiste siempre la misma en sí, sin experimentar nunca la menor alteración, ni la menor mudanza?

—Es necesariamente preciso que ellas subsistan siempre las mismas sin mudar jamás.

—Y todas las demás cosas —repuso Sócrates—, hombres, caballos, trajes, muebles y tantas otras de la misma naturaleza, ¿quedan siempre las mismas, o son enteramente opuestas a las primeras, en cuanto no subsisten siempre en el mismo estado, ni con relación a sí mismas, ni con relación a los demás?

—No subsisten nunca las mismas —respondió Cebes.

—Ahora bien; estas cosas tú las puedes ver, tocar, percibir por cualquier sentido: mientras que las primeras, que son siempre las mismas, no pueden ser comprendidas sino por el pensamiento, porque son inmateriales y no se las ve jamás.

—Todo eso es verdad —dijo Cebes.

—¿Quieres —continuó Sócrates— que reconozcamos dos clases de cosas?

—Con mucho gusto —dijo Cebes.

—¿Las unas visibles y las otras inmateriales? ¿Estas, siempre las mismas; aquellas, en un continuo cambio?

—Me parece bien —dijo Cebes.

—Veamos, pues. ¿No somos nosotros un compuesto de cuerpo y alma? ¿Hay otra cosa en nosotros?

—No, sin duda; no hay más.

—¿A cuál de estas dos especies diremos, que nuestro cuerpo se conforma o se parece?

—Todos convendrán en que a la especie visible.

—Y nuestra alma, mi querido Cebes, ¿es visible o invisible?

—Visible no es; por lo menos, a los hombres.

—Pero cuando hablamos de cosas visibles o invisibles, hablamos con relación a los hombres, sin tener en cuenta ninguna otra naturaleza.

—Sí, con relación a la naturaleza humana.

—¿Qué diremos, pues, del alma? ¿Puede ser vista o no puede serlo?

—No puede serlo.

—Luego es inmaterial.

—Sí.

—Por consiguiente, nuestra alma es más conforme que el cuerpo con la naturaleza invisible; y el cuerpo más conforme con la naturaleza visible.

—Es absolutamente necesario.

—¿No decíamos que, cuando el alma se sirve del cuerpo para considerar algún objeto, ya por la vista, ya por el oído, ya por cualquier otro sentido (porque la única función del cuerpo es atender a los objetos mediante los sentidos), se ve entonces atraída por el cuerpo hacia cosas, que no son nunca las mismas; se extravía, se turba, vacila y tiene vértigos, como si estuviera ebria; todo por haberse ligado a cosas de esta naturaleza?

—Sí.

—Mientras que, cuando ella examina las cosas por sí misma, sin recurrir al cuerpo, se dirige a lo que es puro, eterno, inmortal, inmutable; y como es de la misma naturaleza, se une y estrecha con ello cuanto puede y da de sí su propia naturaleza. Entonces cesan sus extravíos, se mantiene siempre la misma, porque está unida a lo que no cambia jamás, y participa de su naturaleza; y este estado del alma es lo que se llama sabiduría.

—Has hablado perfectamente, Sócrates; y dices una gran verdad.

—¿A cuál de estas dos especies de seres, te parece que el alma es más semejante, y con cuál está más conforme, teniendo en cuenta los principios que dejamos sentados y todo lo que acabamos de decir?

—Me parece, Sócrates, que no hay hombre, por tenaz y estúpido que sea, que estrechado por tu método, no convenga en que el alma se parece más y es más conforme con lo que se mantiene siempre lo mismo, que no con lo que está en continua mudanza.

—¿Y el cuerpo?

—Se parece más lo que cambia.

—Sigamos aún otro camino. Cuando el alma y el cuerpo están juntos, la naturaleza ordena que el uno obedezca y sea esclavo; y que el otro tenga el imperio y el mando. ¿Cuál de los dos te parece semejante a lo que es divino, y cuál a lo que es mortal? ¿No adviertes que lo que es divino es lo único capaz de mandar y de ser dueño; y que lo que es mortal es natural que obedezca y sea esclavo?

—Seguramente.

—¿A cuál de los dos se parece nuestra alma?

—Es evidente, Sócrates, que nuestra alma se parece a lo que es divino, y nuestro cuerpo a lo que es mortal.

—Mira, pues, mi querido Cebes, si de todo lo que acabamos de decir no se sigue necesariamente, que nuestra alma es muy semejante a lo que es divino, inmortal, inteligible, simple, indisoluble, siempre lo mismo, y siempre semejante a sí propio; y que nuestro cuerpo se parece perfectamente a lo que es humano, mortal, sensible, compuesto, disoluble, siempre mudable, y nunca semejante a sí mismo. ¿Podremos alegar algunas razones que destruyan estas consecuencias, y que hagan ver que esto no es cierto?

—No, sin duda, Sócrates.

—Siendo esto así, ¿no conviene al cuerpo la disolución, y al alma el permanecer siempre indisoluble o en un estado poco diferente?

—Es verdad.

—Pero observa, que después que el hombre muere, su parte visible, el cuerpo, que queda expuesto a nuestras miradas, que llamamos cadáver, y que por su condición puede disolverse y disiparse, no sufre por lo pronto ninguno de estos accidentes, sino que subsiste entero bastante tiempo, y se conserva mucho más, si el muerto era de bellas formas y estaba en la flor de sus años; porque los cuerpos que se recogen y embalsaman, como en Egipto, duran enteros un número indecible de años; y en aquellos mismos que se corrompen, hay siempre partes, como los huesos, los nervios y otros miembros de la misma condición, que parecen, por decirlo así, inmortales. ¿No es esto cierto?

—Muy cierto.

—Y el alma, este ser invisible que marcha a un paraje semejante a ella, paraje excelente, puro, invisible, esto es, a los infiernos, cerca de un Dios lleno de bondad y de sabiduría, y a cuyo sitio espero que mi alma volará dentro de un momento, si Dios lo permite; ¡qué!, ¿un alma semejante y de tal naturaleza se habrá de disipar y anonadar, apenas abandone el cuerpo, como lo creen la mayor parte de los hombres? De ninguna manera, mis queridos Simmias y Cebes; y he aquí lo que realmente sucede. Si el alma se retira pura, sin conservar nada del cuerpo, como sucede con la que, durante la vida, no ha tenido voluntariamente con él ningún comercio, sino que por el contrario, le ha huido, estando siempre recogida en sí misma y meditando siempre, es decir, filosofando en regla, y aprendiendo efectivamente a morir; porque, ¿no es esto prepararse para la muerte?…

—De hecho.

—Si el alma, digo, se retira en este estado, se une a un ser semejante a ella, divino, inmortal, lleno de sabiduría, cerca del cual goza de la felicidad, viéndose así libre de sus errores, de su ignorancia, de sus temores, de sus amores tiránicos y de todos los demás males afectos a la naturaleza humana; y puede decirse de ella como de los iniciados, que pasa verdaderamente con los dioses toda la eternidad. ¿No es esto lo que debemos decir, Cebes?

—Sí, ¡por Júpiter!

—Pero si se retira del cuerpo manchada, impura, como la que ha estado siempre mezclada con él, ocupada en servirle, poseída de su amor, embriagada en él hasta el punto de creer que no hay otra realidad que la corporal, lo que se puede ver, tocar, beber y comer, o lo que sirve a los placeres del amor; mientras que aborrecía, temía y huía habitualmente de todo lo que es oscuro e invisible para los ojos, de todo lo que es inteligible, y cuyo sentido sólo la filosofía muestra; ¿crees tú que un alma, que se encuentra, en tal estado, pueda salir del cuerpo pura y libre?

—No; eso no puede ser.

—Por el contrario, sale afeada con las manchas del cuerpo, que se han hecho como naturales en ella por el comercio continuo y la unión demasiado estrecha que con él ha tenido, por haber estado siempre unida con él y ocupado sólo de él.

—Estas manchas, mi querido Cebes, son una cubierta tosca, pesada, terrestre y visible; y el alma, abrumada con este peso, se ve arrastrada hacia este mundo visible por el temor que tiene del mundo invisible, del infierno; y anda, como suele decirse, errante por los cementerios alrededor de las tumbas, donde se han visto fantasmas tenebrosos, como son los espectros de estas almas, que no han abandonado el cuerpo del todo purificadas, sino reteniendo algo de esta materia visible, que las hace aún a ellas mismas visibles.

—Es muy probable que así sea, Sócrates.

—Sí, sin duda, Cebes; y es probable también que no sean las almas de los buenos, sino las de los malos, las que se ven obligadas a andar errantes por esos sitios, donde llevan el castigo de su primera vida, que ha sido mala; y donde continúan vagando hasta que, llevadas del amor que tienen a esa masa corporal que les sigue siempre, se ingieren de nuevo en un cuerpo y se sumen probablemente en esas mismas costumbres, que constituían la ocupación de su primera vida.

—¿Qué dices, Sócrates?

—Digo, por ejemplo, Cebes, que los que han hecho de su vientre su Dios y que han amado la intemperancia, sin ningún pudor, sin ninguna cautela, entran probablemente en cuerpos de asnos o de otros animales semejantes; ¿no lo piensas tú también?

—Seguramente.

—Y las almas, que sólo han amado la injusticia, la tiranía y las rapiñas, van a animar cuerpos de lobos, de gavilanes, de halcones. Almas de tales condiciones, ¿pueden ir a otra parte?

—No, sin duda.

—Lo mismo sucede a las demás; siempre van asociadas a cuerpos análogos a sus gustos.

—Evidentemente.

—¿Cómo puede dejar de ser así? Y los más dichosos, cuyas almas van a un lugar más agradable, ¿no son aquellos que siempre han ejercitado esta virtud social y civil que se llama templanza y justicia, a la que se han amoldado sólo por el hábito y mediante el ejercicio, sin el auxilio de la filosofía y de la reflexión?

—¿Cómo pueden ser los más dichosos?

—Porque es probable que sus almas entren en cuerpos de animales pacíficos y dulces, como las abejas, las avispas, las hormigas; o que vuelvan a ocupar cuerpos humanos, para formar hombres de bien.

—Es probable.

—Pero en cuanto a aproximarse a la naturaleza de los dioses, de ninguna manera es esto permitido a aquellos que no han filosofado durante toda su vida, y cuyas almas no han salido del cuerpo en toda su pureza. Esto está reservado al verdadero filósofo. He aquí por qué, mi querido Simmias y mi querido Cebes, los verdaderos filósofos renuncian a todos los deseos del cuerpo; se contienen y no se entregan a sus pasiones; no temen ni la ruina de su casa, ni la pobreza, como la multitud que está apegada a las riquezas; ni teme la ignominia ni el oprobio, como los que aman las dignidades y los honores.

—No debería obrarse de otra manera —repuso Cebes.

—No sin duda —continuó Sócrates—, así, todos aquellos que tienen interés por su alma y que no viven para halagar al cuerpo, rompen con todas las costumbres, y no siguen el mismo camino que los demás, que no saben a dónde van; sino que persuadidos de que no debe hacerse nada que sea contrario a la filosofía, a la libertad y a la purificación que ella procura, se dejan conducir por ella y la siguen a todas partes a donde quiera conducirles.

—¿Cómo, Sócrates?

—Voy a explicároslo. Los filósofos, al ver que su alma está verdaderamente ligada y pegada al cuerpo, y forzada a considerar los objetos por medio del cuerpo, como a través de una prisión oscura, y no por sí misma, conocen perfectamente que la fuerza de este lazo corporal consiste en las pasiones, que hacen que el alma misma encadenada contribuya a apretar la ligadura. Conocen también que la filosofía, al apoderarse del alma en tal estado, la consuela dulcemente e intenta desligarla, haciéndola ver que los ojos del cuerpo sufren numerosas ilusiones, lo mismo que los oídos y que todos los demás sentidos; la advierte que no debe hacer de ellos otro uso que aquel a que obliga la necesidad, y la aconseja que se encierre y se recoja en sí misma; que no crea en otro testimonio que en el suyo propio, después de haber examinado dentro de sí misma lo que cada cosa es en su esencia; debiendo estar bien persuadida de que cuanto examine por medio de otra cosa, como muda con el intermedio mismo, no tiene nada de verdadero. Ahora bien; lo que ella examina por los sentidos es sensible y visible; y lo que ve por sí misma es invisible e inteligible. El alma del verdadero filósofo, persuadida de que no debe oponerse a su libertad, renuncia, en cuanto le es posible, a los placeres, a los deseos, a las tristezas, a los temores, porque sabe que, después de los grandes placeres, de los grandes temores, de las extremas tristezas y de los extremos deseos, no sólo se experimentan los males sensibles, que todo el mundo conoce, como las enfermedades o la pérdida de bienes, sino el más grande y el íntimo de todos los males, tanto más grande, cuanto que no se deja sentir.

—¿En qué consiste ese mal, Sócrates?

—En que obligada el alma a regocijarse o afligirse por cualquier objeto, está persuadida de que lo que le causa este placer o esta tristeza es muy verdadero y muy real, cuando no lo es en manera alguna. Tal es el efecto de todas las cosas visibles; ¿no es así?

—Es cierto, Sócrates.

—¿No es principalmente cuando se experimenta esta clase de afecciones cuando el alma está particularmente atada y ligada al cuerpo?

—¿Por qué es eso?

—Porque cada placer y cada tristeza están armados de un clavo, por decirlo así, con el que sujetan el alma al cuerpo; y la hacen tan material, que cree que no hay otros objetos reales que los que el cuerpo le dice. Resultado de esto es que, como tiene las mismas opiniones que el cuerpo, se ve necesariamente forzada a tener las mismas costumbres y los mismos hábitos, lo cual la impide llegar nunca pura al otro mundo; por el contrario, al salir de esta vida, llena de las manchas de ese cuerpo que acaba de abandonar, entra a muy luego en otro cuerpo, donde echa raíces, como si hubiera sido allí sembrada; y de esta manera se ve privada de todo comercio con la esencia pura, simple y divina.

—Es muy cierto, Sócrates —dijo Cebes.

—Por esta razón, los verdaderos filósofos trabajan para adquirir la fortaleza y la templanza, y no por las razones que se imagina el vulgo. ¿Piensas tú como este?

—De ninguna manera.

—Haces bien; y es lo que conviene a un verdadero filósofo; porque el alma no creerá nunca que la filosofía quiera desligarla, para que, viéndose libre, se abandone a los placeres, a las tristezas, y se deje encadenar por ellas para comenzar siempre de nuevo como la tela de Penélope. Por el contrario, manteniendo todas las pasiones en una perfecta tranquilidad y tomando siempre la razón por guía, sin abandonarla jamás, el alma del filósofo contempla incesantemente lo verdadero, lo divino, lo inmutable, que está por encima de la opinión; y nutrida con esta verdad pura, estará persuadida de que debe vivir siempre lo mismo, mientras permanezca adherida al cuerpo; y que después de la muerte, unida de nuevo a lo que es de la misma naturaleza que ella, se verá libre de todos los males que afligen a la naturaleza humana. Siguiendo estos principios, mis queridos Simmias y Cebes, y después de una vida semejante, ¿temerá el alma que en el momento en que abandone el cuerpo, los vientos la lleven y la disipen, y que, enteramente anonadada, no existirá en ninguna parte?

Después de que Sócrates hablara de esta suerte, todos quedaron en gran silencio, y parecía que aquel estaba como meditando en lo que acababa de decir. Nosotros permanecimos callados, y sólo Simmias y Cebes hablaban por lo bajo.

Percibiéndolo Sócrates, les dijo:

—¿De qué habláis? ¿Os parece que falta algo a mis pruebas? Porque se me figura que ellas dan lugar a muchas dudas y objeciones, si uno se toma el trabajo de examinarlas en detalle. Si habláis de otra cosa, nada tengo que deciros; pero por poco que dudéis sobre lo que hablamos, no tengáis dificultad en decir lo que os parezca, y en manifestar francamente si cabe una demostración mejor; y en este caso asociadme a vuestras indagaciones, si es que creéis llegar conmigo más fácilmente al término que nos hemos propuesto.

—Te diré la verdad, Sócrates —respondió Simmias—; ha largo tiempo que tenemos dudas Cebes y yo, y nos hemos dado de codo para comprometernos a proponértelas, porque tenemos vivo deseo de ver cómo las resuelves. Pero ambos hemos temido ser importunos, proponiéndote cuestiones desagradbles en la situación en que te encuentras.

—¡Ah!, mi querido Simmias —replicó Sócrates, sonriendo dulcemente—, ¿con qué trabajo convencería yo a los demás hombres de que no tengo por una desgracia la situación en que me encuentro, cuando de vosotros mismos no puedo conseguirlo, pues que me creéis en este momento en peor posición que antes? Me suponéis, al parecer, muy inferior a los cisnes, por lo que respecta al presentimiento y a la adivinación. Los cisnes, cuando presienten que van a morir, cantan aquel día aún mejor que lo han hecho nunca, a causa de la alegría que tienen al ir a unirse con el dios a que ellos sirven. Pero el temor que los hombres tienen a la muerte, hace que calumnien a los cisnes, diciendo que lloran su muerte y que cantan de tristeza. No reflexionan que no hay pájaro que cante cuando tiene hambre o frío o cuando sufre de otra manera, ni aun el ruiseñor, la golondrina y la abubilla, cuyo canto se dice que es efecto del dolor. Pero estos pájaros no cantan de manera alguna de tristeza, y menos los cisnes, a mi juicio; porque perteneciendo a Apolo, son divinos, y como prevén los bienes de que se goza en la otra vida, cantan y se regocijan en aquel día más que lo han hecho nunca. Y yo mismo pienso que sirvo a Apolo lo mismo que ellos; que como ellos estoy consagrado a este dios; que no he recibido menos que ellos de nuestro común dueño el arte de la adivinación, y que no me siento contrariado al salir de esta vida. Así pues, en este concepto, podéis hablarme cuanto queráis, e interrogarme por todo el tiempo que tengan a bien permitirlo los Once.

—Muy bien, Sócrates —repuso Simmias—, te propondré mis dudas, y Cebes te hará sus objeciones. Pienso, como tú, que en estas materias es imposible, o por lo menos muy difícil, saber toda la verdad en esta vida; y estoy convencido de que no examinar detenidamente lo que se dice, y cansarse antes de haber hecho todos los esfuerzos posibles para conseguirlo, es una acción digna de un hombre perezoso y cobarde; porque, una de dos cosas: o aprender de los demás la verdad o encontrarla por sí mismo; y si una y otra cosa son imposibles, es preciso escoger entre todos los razonamientos humanos el mejor y más fuerte, y embarcándose en él como en una barquilla, atravesar de este modo las tempestades de esta vida, a menos que sea posible encontrar, para hacer este viaje, algún buque más grande, esto es, algún razonamiento incontestable que nos ponga fuera de peligro. No tendré reparo en hacerte preguntas, puesto que lo permites; y no me expondré al remordimiento que yo podría tener algún día, por no haberte dicho en este momento lo que pienso. Cuando examino con Cebes lo que nos has dicho, Sócrates, confieso que tus pruebas no me parecen suficientes.

—Quizá tienes razón, mi querido Simmias; pero, ¿por qué no te parecen suficientes?

—Porque podría decirse lo mismo de la armonía de una lira, de la lira misma y de sus cuerdas; esto es, que la armonía de una lira es algo invisible, inmaterial, bello, divino; y la lira y las cuerdas son cuerpos, materia, cosas compuestas, terrestres y de naturaleza mortal. Después de hecha pedazos la lira o rotas las cuerdas, podría alguno sostener, con razonamientos iguales a los tuyos, que es preciso que esta armonía subsista necesariamente y no perezca; porque es imposible que la lira subsista una vez rotas las cuerdas; que las cuerdas, que son cosas mortales, subsistan después de rota la lira; y que la armonía, que es de la misma naturaleza que el ser inmortal y divino, perezca antes que lo que es mortal y terrestre. Es absolutamente necesario, añadiría, que la armonía exista en alguna parte, y que el cuerpo de la lira y las cuerdas se corrompan y perezcan enteramente antes que la armonía reciba el menor daño. Y tú mismo, Sócrates, te habrás hecho cargo sin duda, de que la idea que nos formamos generalmente del alma es algo semejante a lo que voy a decirte. Como nuestro cuerpo está compuesto y es mantenido en equilibrio por lo caliente, lo frío, lo seco y lo húmedo, nuestra alma no es más que la armonía que resulta de la mezcla de estas cualidades, cuando están debidamente combinadas. Si nuestra alma no es otra cosa que una especie de armonía, es evidente que cuando nuestro cuerpo está demasiado laxo o demasiado tenso a causa de las enfermedades o de otros males, nuestra alma, divina y todo, perecerá necesariamente como las demás armonías, que son consecuencia del sonido o efecto de los instrumentos; mientras que los restos de cada cuerpo duran aún largo tiempo; duran hasta que se queman o se corrompen. Mira, Sócrates, lo que podremos responder a estas razones, si alguno pretende que nuestra alma, no siendo más que una mezcla de las cualidades del cuerpo, es la primera que perece, cuando llega eso a que llamamos la muerte.

Entonces Sócrates, echando una mirada a cada uno de nosotros, como tenía de costumbre, y sonriéndose, dijo:

—Simmias tiene razón. Si alguno de vosotros tiene más facilidad que yo para responder a sus objeciones, puede hacerlo; porque me parece que Simmias ha esforzado de veras sus razonamientos. Pero antes de responderle querría que Cebes nos objetara, a fin de que, en tanto que él habla, tengamos tiempo para pensar lo que debemos contestar; y así también, oídos que sean ambos, cederemos, si sus razones son buenas; y en caso contrario, sostendremos nuestros principios hasta donde podamos. Dinos, pues, Cebes; ¿qué es lo que te impide asentir a lo que yo he dicho?

—Voy a decirlo —respondió Cebes—. Se me figura que la cuestión se halla en el mismo punto en que estaba antes, y que quedan en pie por tanto nuestras anteriores objeciones. Que nuestra alma existe antes de venir a animar el cuerpo, lo hallo admirablemente probado; y si no te ofendes, diré que plenamente demostrado; pero que ella exista después de la muerte, no lo está en manera alguna. Sin embargo, no acepto por completo la objeción de Simmias, según el cual nuestra alma no es más fuerte ni más durable que nuestro cuerpo; porque, a mi parecer, el alma es infinitamente superior a todo lo corporal. ¿En qué consiste entonces tu duda, se me dirá? Si ves que muerto el hombre, su parte más débil, que es el cuerpo, subsiste, ¿no te parece absolutamente necesario que lo que es más durable dure más largo tiempo? Mira, Sócrates, yo te lo suplico, si respondo bien a esta objeción, porque para hacerme entender, necesito valerme de una comparación, como Simmias. La objeción que se me propone es, a mi parecer, como si, después de la muerte de un viejo tejedor, se dijese: este hombre no ha muerto, sino que existe en alguna parte, y la prueba es que ved que está aquí el traje que gastaba y que él mismo se había hecho; traje que subsiste entero y completo, y que no ha perecido. Pues bien, si alguno repugnara reconocer como suficiente esta prueba, se le podría preguntar: ¿cuál es más durable, el hombre o el traje que gasta y de que se sirve? Necesariamente habría que responder que el hombre, y sólo con esto se creería haber demostrado que, puesto que lo que el hombre tiene de menos durable no ha perecido, con más razón subsiste el hombre mismo. Pero no hay nada de eso, en mi opinión, mi querido Simmias; y ve ahora, te lo suplico, lo que yo respondo a esto. No hay nadie que no conozca a primer golpe de vista que hacer esta objeción es decir un absurdo; porque este tejedor murió antes del último traje, pero después de los muchos que había gastado y consumido durante su vida; y no hay derecho para decir que el hombre es una cosa más débil y menos durable que el traje. Esta comparación puede aplicarse al alma y al cuerpo, y decirse con grande exactitud, en mi opinión, que el alma es un ser muy durable, y que el cuerpo es un ser más débil y que dura menos. Y el que conteste de este modo podrá añadir que cada alma usa muchos cuerpos, sobre todo si vive muchos años; porque si el cuerpo está mudando y perdiendo continuamente mientras el hombre vive, y el alma, por consiguiente, renueva sin cesar su vestido perecible, resulta necesario que cuando llega el momento de la muerte viste su último traje, y este será el único que sobreviva al alma; mientras que cuando esta muere, el cuerpo muestra inmediatamente la debilidad de su naturaleza, porque se corrompe y perece muy pronto. Así, pues, no hay que tener tanta fe en tu demostración, que vayamos a tener confianza de que después de la muerte existirá aún el alma. Porque si alguno extendiese el razonamiento todavía más que tú, y se le concediese, no sólo que el alma existe en el tiempo que precede a nuestro nacimiento, sino también que no hay inconveniente en que las almas de algunos existan después de la muerte y renazcan muchas veces para morir de nuevo; siendo el alma bastante fuerte para usar muchos cuerpos, uno después de otro, como usa el hombre muchos vestidos; concediéndole todo esto, digo, no por eso se negaba que el alma se gasta al cabo de tantos nacimientos, y que al fin acaba por perecer de hecho en alguna de estas muertes. Y si se añadiese que nadie puede saber cuál de estas muertes alcanzará al alma, porque es imposible a los hombres presentirlo; entonces todo hombre, que no teme la muerte y la espera con confianza, es un insensato, salvo que pueda demostrar que el alma es enteramente inmortal e imperecible. De otra manera, es absolutamente necesario que el que va a morir tema por su alma, y tema que ella va a perecer en la próxima separación del cuerpo.

Cuando oímos estas objeciones, no dejaron de incomodarnos, como hubimos de confesarlo; porque, después de estar convencidos por los razonamientos anteriores, venían tales argumentos a turbarnos y arrojarnos en la desconfianza, no sólo por lo que se había dicho, sino también por lo que se nos podía decir en lo sucesivo; porque en todo caso íbamos a parar en creer, o que no éramos capaces de formar juicio sobre estas materias, o que estas materias no podrían producir otra cosa que la incertidumbre.

Equécrates — Fedón, los dioses te perdonen, porque yo al oírte me digo a mí mismo: ¿qué podremos creer en lo sucesivo, puesto que las razones de Sócrates, que me parecían tan persuasivas, se hacen dudosas? En efecto; la objeción que hace Simmias al decir que nuestra alma no es más que una armonía, me sorprende maravillosamente, y siempre me ha sorprendido; porque me ha hecho recordar que yo mismo tuve esta misma idea en otro tiempo. Así, pues, yo estoy como de nuevo en esta cuestión, y necesito muy de veras nuevas pruebas para convencerme de que nuestra alma no muere con el cuerpo. Por lo mismo, Fedón, dinos, ¡por Júpiter!, de qué manera Sócrates continuó la disputa; si se vio embarazado como vosotros, o si sostuvo su opinión con templanza; y, en fin, si os satisfizo enteramente o no. Cuéntanos, te lo suplico, todos estos pormenores sin olvidar nada.

Fedón — Te aseguro, Equécrates, que si siempre he admirado a Sócrates, en esta ocasión le admiré más que nunca, porque el que estuviera pronto a satisfacer esto, no puede extrañarse en un hombre como él; pero lo que me pareció admirable fue, en primer lugar, la dulzura, la bondad, las muestras de aprobación con que escuchó las objeciones de estos jóvenes; y en seguida, la sagacidad con que se apercibió de la impresión que ellas habían hecho en nosotros; y, en fin, la habilidad con que nos curó, y cómo atrayéndonos como a vencidos fugitivos, nos hizo volver la espalda, y nos obligó a entrar en discusión.

Equécrates — ¿Cómo?

Fedón — Voy a decírtelo. Estaba yo sentado a su derecha, cerca de su cama, en un asiento bajo, y él estaba en otro más alto que el mío; pasando su mano por mi cabeza, y cogiendo el cabello que caía sobre mis espaldas, y con el cual tenía la costumbre de jugar, me dijo:

—Fedón, mañana te harás cortar estos hermosos cabellos; ¿no es verdad?

—Regularmente, Sócrates, —le respondí.

—De ninguna manera, si me crees.

—¿Cómo?

—Hoy es —me dijo— cuando debo cortar yo mis cabellos y tú los tuyos, si es cierto que nuestro razonamiento ha muerto y que no podemos resucitarle; y si estuviera yo en tu lugar y me viese vencido, juraría, al modo de los de Argos, no dejar crecer mis cabellos hasta que no hubiese conseguido a mi vez la victoria sobre las objeciones de Simmias y de Cebes.

Yo le dije:

—¿Has olvidado el proverbio de que el mismo Hércules no basta contra dos?

—¡Ah! —dijo—. ¿Por qué no apelas a mí, como a tu Iolas?

—También yo apelo a ti, no como Hércules a su Iolas, sino como Iolas apela a su Hércules.

—No importa —replicó—, es igual.

—Pero ante todo estemos en guardia, para no incurrir en una gran falta.

—¿Qué falta? —le dije.

—En la de ser misólogos, que los hay, como hay misántropos; porque el mayor de todos los males es aborrecer la razón, y esta misología tiene el mismo origen que la misantropía. ¿De dónde procede si no la misantropía? De que, después de haberse fiado de un hombre, sin ningún previo examen, y de haberle creído siempre sincero, honrado y fiel, se encuentra uno al fin con que es falso y malvado; y al cabo de muchas pruebas semejantes a esta, viéndose engañado por sus mejores y más íntimos amigos, y cansado de ser la víctima, concluye por aborrecer todos los hombres igualmente, y llega a persuadirse de que no hay uno solo sincero. ¿No has notado que la misantropía se forma de esta manera y así por grados?

—Seguramente —le dije.

—¿No es esto una vergüenza? ¿No es evidente que semejante hombre se mete a tratar con los demás sin tener conocimiento de las cosas humanas? Porque si hubiera tenido la menor experiencia, habría visto las cosas como son en sí, y reconocido que los buenos y los malos son muy raros, lo mismo los unos que los otros, y que los que ocupan un término medio son numerosos.

—¿Qué dices, Sócrates?

—Digo, Fedón, que con los buenos y los malos sucede lo que con los muy grandes o muy pequeños. ¿No ves que es raro encontrar un hombre muy grande o un hombre muy pequeño?Así sucede con los perros y con todas las demás cosas; con lo que es rápido y con lo que es lento; con lo que es bello y lo que es feo; con lo que es blanco y lo que es negro. ¿No notas que en todas estas cosas los dos extremos son raros, y que el medio es muy frecuente y muy común?

—Lo advierto muy bien, Sócrates.

—Si se propusiese un combate de maldad, se-rían bien pocos los que pudieran aspirar al primer premio.

—Es probable.

—Seguramente —replicó—, pero no es en este concepto en el que los razonamientos se parecen a los hombres, sino que por seguirte me he dejado ir un poco fuera del asunto. La única semejanza que hay, es que cuando se admite un razonamiento como verdadero, sin saber el arte de razonar, sucede que más tarde parece falso, séalo o no lo sea, y diferente de él mismo; y cuando uno ha contraído el hábito de disputar sosteniendo el pro y el contra, se cree al fin hombre muy hábil, y se imagina ser el único que ha comprendido que ni en las cosas ni en los razonamientos hay nada de verdadero ni de seguro; que todo está en un flujo y reflujo continuo, como el Euripo; y que nada permanece ni un solo momento en el mismo estado.

—Es la pura verdad.

—Cuando hay un razonamiento verdadero, sólido, susceptible de ser comprendido, ¿no sería una desgracia deplorable, Fedón, que por haberse dejado llevar de esos razonamientos, en que todo aparece tan pronto verdadero como falso, en lugar de acusarse a sí mismo y de acusar a su propia incapacidad, vaya uno a hacer recaer la falta sobre la razón, y pasarse la vida aborreciendo y calumniando la razón misma, privándose así de la verdad y de la ciencia?

—Sí, eso sería deplorable, ¡por Júpiter! —dije yo.

—Estemos, pues, en guardia —replicó él—, para que esta desgracia no nos suceda; y no nos preocupemos con la idea de que no hay nada sano en el razonamiento. Persuadámonos más bien de que somos nosotros mismos los autores de este mal, y hagamos decididamente todos los esfuerzos posibles para corregirnos. Vosotros estáis obligados a ello, tanto más cuanto que os resta mucho tiempo de vida; y yo también me considero obligado a lo mismo, porque voy a morir. Temo mucho que al ocuparme hoy de esta materia, lejos de conducirme como verdadero filósofo, voy a convertirme en disputador terco, a la manera de todos esos ignorantes, que, cuando disputan, no se cuidan en manera alguna de enseñar la verdad, sino que su único objeto es arrastrar a su opinión personal a todos los que les escuchan. La única diferencia, que hay entre ellos y yo, es que yo no intento sólo persuadir con lo que diga a los que están aquí presentes, si bien me complaceré en ello si lo consigo, sino que mi principal objeto es el convencerme a mí mismo. Porque he aquí, mi querido amigo, cómo razono yo, y verás que este razonamiento me interesa mucho: si lo que yo diga, resulta verdadero, es bueno creerlo; y si después de la muerte no hay nada, habré sacado de todas maneras la ventaja de no haber incomodado a los demás con mis lamentos, en el poco tiempo que me queda de vida. Mas no permaneceré mucho en esta ignorancia, que miraría como un mal; sino que bien pronto va a desvanecerse. Fortificado con estas reflexiones, mi querido Simmias y mi querido Cebes, voy a entrar en la discusión; y si me creéis, que sea menos por respeto a la autoridad de Sócrates que por respeto a la verdad. Si lo que os digo es verdadero, admitidlo; si no lo es, combatidlo con todas vuestras fuerzas; teniendo mucho cuidado no sea que yo me engañe a mí mismo, que os engañe también a vosotros por exceso de buena voluntad, abandonándoos como la abeja, que deja su aguijón en la llaga.

—Comencemos, pues; pero antes habéis de ver, os lo suplico, si me acuerdo bien de vuestras objeciones. Me parece que Simmias teme que el alma, aunque más divina y más excelente que el cuerpo, perezca antes que él, como según ha dicho sucede con la armonía; y Cebes ha concedido, si no me engaño, que el alma es más durable que el cuerpo, pero que no se puede asegurar que después que ella ha usado muchos cuerpos, no perezca al abandonar el último, y que esta no sea una verdadera muerte del alma; porque, con respecto al cuerpo, este no cesa ni un solo momento de perecer. ¿No son estos los dos puntos que tenemos que examinar, Simmias y Cebes?

Convinieron ambos en ello.

—¿Rechazáis —continuó él— absolutamente todo lo que os he dicho antes, o admitís una parte?

Ellos dijeron que no lo rechazaban todo.

—Pero —añadió Sócrates—, ¿qué pensáis de lo que os he dicho de que aprender no es más que recordar; y por consiguiente, que es necesario que nuestra alma haya existido en alguna parte antes de haberse unido al cuerpo?

—Yo he reconocido desde luego la evidencia de lo que dices —dijo Cebes—, y no conozco principio que me parezca más verdadero. Lo mismo digo yo, dijo Simmias; y me sorprendería mucho si llegara a mudar de opinión en este punto.

—Tienes que mudar de parecer, mi querido Tebano, si persistes en la opinión de que la armonía es algo compuesto, y que nuestra alma no es más que armonía, que resulta del acuerdo de las cualidades del cuerpo; porque probablemente no te creerías a ti mismo si dijeras que la armonía existe antes de las cosas de que se compone. ¡Lo dirías!

—No, sin duda, Sócrates —respondió Simmias.

—¿No notas, sin embargo —replicó Sócrates—, que es esto lo que dices cuando sostienes que el alma existe antes de venir a animar el cuerpo, y que no obstante se compone de cosas que no existen aún? Porque el alma no es como la armonía con la que la comparas, sino que es evidente que la lira, las cuerdas, los sonidos discordantes existen antes de la armonía, la cual resulta de todas estas cosas, y en seguida perece con ellas. Esta última proposición tuya, ¿conviene con la primera?

—De ninguna manera —dijo Simmias.

—Sin embargo —replicó Sócrates—, si en algún discurso debe haber acuerdo, es en aquel en el que se trata de la armonía.

—Tienes razón, Sócrates.

—Pues en este caso no hay acuerdo —dijo Sócrates—, y así mira cuál de estas dos opiniones prefieres; o el conocimiento es una reminiscencia, o el alma es una armonía.

—Escojo la primera —dijo Simmias—, porque he admitido la segunda sin demostración, contentándome con esa aparente verosimilitud que basta al vulgo. Pero estoy persuadido de que todos los razonamientos que no se apoyan sino sobre la probabilidad, están henchidos de vanidad; y que si se mira bien, ellos extravían y engañan lo mismo en geometría que en cualquiera otra ciencia. Mas la doctrina de que la ciencia es una reminiscencia, está fundada en un principio sólido; en el principio de que, según hemos dicho, nuestra alma, antes de venir a animar nuestro cuerpo, existe como la esencia misma; la esencia, es decir, lo que existe realmente. He aquí por qué, convencido de que debo darme por satisfecho con esta prueba, no debo ya escucharme a mí mismo, ni tampoco dar oídos a los que digan que el alma es una armonía.

—Ahora bien, Simmias —dijo Sócrates—, ¿te parece que es propio de la armonía o de cualquier otra cosa compuesta el ser diferente de las cosas mismas de que se compone?

—De ninguna manera.

—¿Ni el padecer o hacer otra cosa que lo que hacen o padecen los elementos que la componen?

—Conforme —dijo Simmias.

—¿No es natural que a la armonía precedan las cosas que la componen y no que la sigan?

—Así es.

—¿No son incompatibles con la armonía los sonidos, los movimientos y toda cosa contraria a los elementos de que ella se compone?

—Seguramente —dijo Simmias.

—¿Pero no consiste toda armonía en la consonancia?

—No te entiendo bien —dijo Simmias.

—Pregunto si, según que sus elementos están más o menos de acuerdo, no resulta más o menos la armonía.

—Seguramente.

—¿Y puede decirse del alma que una es más o menos alma que otra?

—No, sin duda.

—Veamos, pues, ¡por Júpiter! ¿No se dice que esta alma, que tiene inteligencia y virtud, es buena; y que aquella otra, que tiene locura y maldad, es mala? ¿No se dice esto con razón?

—Sí, sin duda.

—Y los que sostienen que el alma es una armonía, ¿qué dirán que son estas cualidades del alma, este vicio y esta virtud? ¿Dirán que la una es una armonía y la otra una disonancia? ¿Que el alma virtuosa, siendo armónica por naturaleza, tiene además en sí misma otra armonía? ¿Y que la otra, siendo una disonancia, no produce armonía?

—Yo no puedo decírtelo —respondió Simmias—; parece, sin embargo, que los partidarios de esta opinión dirían algo semejante.

—Pero estamos de acuerdo —dijo Sócrates—, en que un alma no es más o menos alma que otra; es decir, que hemos sentado que ella no tiene más o menos armonía que otra armonía. ¿No es así?

—Lo confieso —dijo Simmias.

—Y que no siendo más o menos armonía, no existe más o menos acuerdo entre sus elementos. ¿No es así?

—Sí, sin duda.

—Y no estando más o menos de acuerdo con sus elementos, ¿puede tener más armonía o menos armonía? ¿O es preciso que la tenga igual?

—Igual.

—Por lo tanto, puesto que un alma no puede ser más o menos alma que otra, ¿no puede estar en más o en menos acuerdo que otra?

—Es cierto.

—Se sigue de aquí necesariamente, que un alma no puede tener ni más armonía ni más disonancia que otra.

—Convengo en ello.

—Por consiguiente, ¿un alma puede tener más virtud o más vicio que otra, si es cierto que el vicio es una disonancia y la virtud una armonía?

—De ninguna manera.

—O más bien; ¿la razón exige que se diga que el vicio no puede encontrarse en ninguna alma, si el alma es una armonía, porque la armonía, si es perfecta armonía, no puede consentir la disonancia?

—Sin dificultad.

—Luego el alma, si es alma perfecta, no puede ser capaz de vicio.

—¿Cómo podría serlo conforme a los principios en que hemos convenido?

—Según estos mismos principios, las almas de todos los animales son igualmente buenas, si todas son igualmente almas.

—Así me parece, Sócrates.

—¿Y consideras que esto sea incontestable, y como una consecuencia necesaria, si es cierta la hipótesis de que el alma es una armonía?

—No, sin duda, Sócrates.

—Pero, dime, Simmias; entre todas las cosas que componen el hombre, ¿encuentras que mande otra que el alma, sobre todo, cuando es sabia?

—No; sólo ella manda.

—¿Y manda aflojando la rienda a las pasiones del cuerpo, o resistiéndolas? Por ejemplo; cuando el cuerpo tiene sed, ¿no le impide el alma de beber? O cuando tiene hambre, ¿no le impide de comer, y lo mismo en mil cosas semejantes, en que vemos claramente que el alma combate las pasiones del cuerpo? ¿No es así?

—Sin duda.

—¿Pero no hemos convenido antes en que el alma, siendo una armonía, no puede tener otro tono que el producido por la tensión, aflojamiento, vibración o cualquiera otra modificación de los elementos que la componen, y que debe necesariamente obedecerles sin dominarlos jamás?

—Hemos convenido en eso, sin duda —dijo Simmias—. ¿Por qué no?

—Pero —repuso Sócrates—, ¿no vemos prácticamente que el alma hace todo lo contrario; que gobierna y conduce las cosas mismas de que se la supone compuesta; que las resiste durante casi toda la vida, reprendiendo a unas más duramente mediante el dolor, como en la gimnasia y en la medicina; tratando a otras con más dulzura, contentándose con reprender o amenazar al deseo, a la cólera, al temor, como cosas de distinta naturaleza que ella? Esto es lo que Homero ha expresado muy bien, cuando dice en la Odisea que Ulises, dándose golpes de pecho, dijo con aspereza a su corazón: *sufre esto, corazón mío, que cosas más claras has soportado.* ¿Crees tú que Homero hubiera dicho esto si hubiera creído que el alma es una armonía que debe ser gobernada por las pasiones del cuerpo? ¿No piensas que más bien ha creído que el alma debe guiarlas y amaestrarlas, y que es de una naturaleza más divina que una armonía?

—Sí, ¡por Júpiter!, yo lo creo —dijo Simmias.

—Por consiguiente, mi querido Simmias —replicó Sócrates—, no podemos en modo alguno decir que el alma es una especie de armonía; porque no estaríamos al parecer de acuerdo ni con Homero, este poeta divino, ni con nosotros mismos.

Simmias convino en ello.

—Me parece —repuso Sócrates— que hemos suavizado muy bien esta armonía tebana; pero en cuanto a Cebes ¿de qué medio me valdré yo para apaciguar a este Cadino? ¿De qué razonamiento me valdré para conseguirlo?

—Estoy seguro de que lo encontrarás —espondió Cebes—. Por lo que hace al argumento de que acabas de servirte contra la armonía, me ha llamado la atención más de lo que yo creía; porque mientras Simmias te proponía sus dudas, tenía por imposible que ninguno las rebatiera; y me he quedado completamente sorprendido al ver que no ha podido sostener ni siquiera tu primer ataque. Después de esto, es claro que no me sorprenderé si a Cadmo alcanza la misma suerte.

—Mi querido Cebes —replicó Sócrates—, no me alabes demasiado, no sea que la envidia trastorne lo que tengo que decir; pero esto depende de Dios. Ahora nosotros, cerrando más las filas, como dice Homero, pongamos tu objeción a prueba. Lo que deseas averiguar se reduce a lo siguiente: quieres que se demuestre que el alma es inmortal e imperecible, a fin de que un filósofo, que va a morir y muere con valor y con la esperanza de ser infinitamente más dichoso en el otro mundo, que si hubiera muerto después de haber vivido de distinta manera, no tenga una confianza insensata. Porque el que el alma sea algo vigoroso y divino y el que haya existido antes

85

de nuestro nacimiento no prueba nada, dices tú, en favor de su inmortalidad, y todo lo que se puede inferir es que puede durar por mucho tiempo, y que existía ya antes que nosotros en alguna parte y por siglos casi infinitos; que durante este tiempo ha podido conocer y hacer muchas cosas, sin que por esto fuera inmortal; que, por el contrario, el momento de su primera venida al cuerpo ha sido quizá el principio de su ruina, y como una enfermedad que se prolonga entre las debilidades y angustias de esta vida, y concluye por lo que llamamos la muerte. Añades que importa poco que el alma venga una sola vez a animar el cuerpo o que venga muchas, y que esto no hace variar los justos motivos de temor; porque, a no estar demente, el hombre debe temer siempre la muerte, en tanto que no sepa con certeza y pueda demostrar que el alma es inmortal. He aquí, a mi parecer, todo lo que dices, Cebes; y yo lo repito muy al por menor, para que nada se nos escape, y para que puedas todavía añadir o quitar lo que gustes.

—Por ahora —respondió Cebes—, nada tengo que modificar, porque has dicho lo mismo que yo manifesté.

Sócrates, después de haber permanecido silencioso por algún tiempo, y como recogido en sí mismo, le dijo a Cebes:

—En verdad, no es tan poco lo que pides, porque para explicarlo es preciso examinar a fondo la cuestión del nacimiento y de la muerte. Si lo deseas, te diré lo que me ha sucedido a mí mismo sobre esta materia; y si lo que voy a decir te parece útil, te servirás de ello en apoyo de tus convicciones.

—Lo deseo con todo mi corazón —dijo Cebes.

—Escúchame, pues. Cuando yo era joven, sentía un vivo deseo de aprender esa ciencia que se llama la física; porque me parecía una cosa sublime saber las causas de todos los fenómenos, de todas las cosas; lo que las hace nacer, lo que las hace morir, lo que las hace existir; y no hubo sacrificio que omitiera para examinar, en primer lugar, si es de lo caliente o de lo frío, después que han sufrido una especie de corrupción, como algunos pretenden, de donde proceden los animales; si es la sangre la que crea el pensamiento, o el aire, o el fuego, o ninguna de estas cosas; o si sólo el cerebro es la causa de nuestras sensaciones de la vista, del oído, del olfato; si de estos sentidos resultan la memoria y la imaginación; y si de la memoria y de la imaginación sosegadas nace, en fin, la ciencia. Quería conocer después las causas de la corrupción de todas estas cosas. Mi curiosidad buscaba los cielos y hasta los abismos de la tierra, para saber qué es lo que produce todos los fenómenos; y al fin me encontré todo lo incapaz que se puede ser para hacer estas indagaciones. Voy a darte una prueba patente de ello. Y es que este precioso estudio me ha dejado tan a oscuras en las mismas cosas que yo sabía antes con la mayor evidencia, según a mí y a otros nos parecía, que he olvidado todo lo que sabía sobre muchas materias; por ejemplo, en la siguiente: ¿cuál es la causa de que el hombre crezca? Pensaba yo que era muy claro para todo el mundo que el hombre no crece sino porque come y bebe; puesto que por medio del alimento, uniéndose la carne a la carne, los huesos a los huesos, y todos los demás elementos a sus elementos semejantes, lo que al principio no es más que un pequeño volumen se aumenta y crece, y de esta manera un hombre de pequeño se hace muy grande. He aquí lo que yo pensaba. ¿No te parece que tenía razón?

—Seguramente —dijo Cebes.

—Escucha lo que sigue. Creía yo saber por qué un hombre era más grande que otro hombre, llevándose de diferencia toda la cabeza; y por qué un caballo era más grande que otro caballo; y otras cosas más claras, como, por ejemplo, que diez eran más que ocho por haberse añadido dos, y que dos codos eran más grandes que un codo por excederle en una mitad.

—¿Y qué piensas ahora? —dijo Cebes.

—¡Por Júpiter! Estoy tan distante de creer que conozco las causas de ninguna de estas cosas, que ni aún presumo saber si cuando a uno se le añade otro uno, es este uno, al que se añadió el otro, el que se hace dos; o si es el añadido y el que se añade juntos los que constituyen dos en virtud de esta adición del uno al otro. Porque lo que me sorprende es que, mientras estaban separados, cada uno de ellos era uno y no eran dos, y que después que se han juntado, se han hecho dos, porque se ha puesto el uno al par del otro. Yo no veo tampoco como es que cuando se divide una cosa, esta división hace que esta cosa, que era una antes de dividirse, se haga dos desde el momento de la separación; porque aquí aparece una causa enteramente contraria a la que hizo que uno y uno fuesen dos. Antes este uno y el otro uno se hacen dos, porque se juntan el uno con el otro; y ahora esta cosa, que es una, se hace dos, porque se la divide y se la separa. Más aún; no creo saber, por qué el uno es uno; y, en fin, tampoco sé, al menos por razones físicas,cómo una cosa, por pequeña que sea, nace, perece o existe; asíque resolví adoptar otro método, ya que este de ninguna manera me satisfacía.

»Habiendo oído leer en un libro, que según se decía, era de Anaxágoras, que la inteligencia es la norma y la causa de todos los seres, me vi arrastrado por esta idea; y me pareció una cosa admirable que la inteligencia fuese la causa de todo; porque creía que, habiendo dispuesto la inteligencia todas las cosas, precisamente estarían arregladas lo mejor posible. Si alguno, pues, quiere saber la causa de cada cosa, el por qué nace y por qué perece, no tiene más que indagar la mejor manera en que puede ella existir; y me pareció que era una consecuencia de este principio que lo único que el hombre debe averiguar es cuál es lo mejor y lo más perfecto; porque desde el momento enque lo haya averiguado, conocerá necesariamente cuál es lo más malo, puesto que no hay más que una ciencia para lo uno y para lo otro.

»Pensando de esta suerte tenía el gran placer de encontrarme con un maestro como Anaxágoras, que me explicaría, según mis deseos, la causa de todas las cosas; y que, después de haberme dicho, por ejemplo, si la tierra es plana o redonda, me explicaría la causa y la necesidad de lo que ella es; y me diría cuál es lo mejor en el caso, y por qué esto es lo mejor. Asimismo si creía que la tierra está en el centro del mundo, esperaba que me enseñaría por qué es lo mejor que la tierra ocupe el centro: y después de haber oído de él todas estas explicaciones, estaba resuelto por mi parte a no ir nunca en busca de ninguna otra clase de causas. también me proponía interrogarle en igual forma acerca del Sol, de la Luna y de los demás astros, para conocer la razón de sus revoluciones, de sus movimientos y de todo lo que les sucede; y para saber cómo es lo mejor posible lo que cada uno de ellos hace, porque no podía imaginarme que, después de haber dicho que la inteligencia los había ordenado y arreglado, pudiese decirme que fuera otra la causa de su orden y disposición que la de no ser posible cosa mejor; y me lisonjeaba de que, después de designarme esta causa en general y en particular, me haría conocer en qué consiste el bien de cada cosa en particular y el bien de todas en general. Por nada hubiera cambiado en aquel momento mis esperanzas.

»Tomé, pues, con el más vivo interés estos libros, y me puse a leerlos lo más pronto posible, para saber luego lo bueno y lo malo de todas las cosas; pero muy luego perdí toda esperanza, porque tan pronto como hube adelantado un poco en mi lectura, me encontré con que mi hombre no hacia intervenir para nada la inteligencia, que no daba ninguna razón del orden de las cosas, y que en lugar de la inteligencia podía el aire, el éter, el agua y otras cosas igualmente absurdas. Me pareció como si dijera: Sócrates hace mediante la inteligencia todo lo que hace; y que en seguida, queriendo dar razón de cada cosa que yo hago, dijera que hoy, por ejemplo, estoy sentado en mi cama, porque mi cuerpo se compone de huesos y de nervios; que siendo los huesos duros y sólidos, están separados por junturas, y que los nervios, pudiendo retirarse o encogerse, unen los huesos con la carne y con la piel, que encierra y abraza a los unos y a los otros; que estando los huesos libres en sus articulaciones, los nervios, que pueden extenderse y encogerse, hacen que me sea posible recoger las piernas como veis, y que esta es la causa de estar yo sentado aquí y de esta manera. O también es lo mismo que si, para explicar la causa de la conversación que tengo con vosotros, os dijese que lo era la voz, el aire, el oído y otras cosas semejantes; y no os dijese ni una sola palabra de la verdadera causa, que es la de haber creído los atenienses que lo mejor para ellos era condenarme a muerte, y que, por la misma razón, he creído yo que era igualmente lo mejor para mí estar sentado en esta cama y esperar tranquilamente la pena que me han impuesto. Porque os juro por el cielo, que estos nervios y estos huesos míos ha largo tiempo que estarían en Megara o en Beocia, si hubiera creído que era lo mejor para ellos, y no hubiera estado persuadido de que era mucho mejor y más justo permanecer aquí para sufrir el suplicio a que mi patria me ha condenado, que no escapar y huir. Dar, por lo tanto, razones semejantes me parecía muy ridículo.

»Dígase en buen hora que si yo no tuviera huesos ni nervios, ni otras cosas semejantes, no podría hacer lo que juzgase conveniente; pero decir que estos huesos y estos nervios son la causa de lo que yo hago, y no la elección de lo que es mejor, para la que me sirvo de la inteligencia, es el mayor absurdo, porque equivale a no conocer esta diferencia: que una es la causa y otra la cosa, sin la que la causa no sería nunca causa; y por lo tanto la cosa y no la causa es la que el pueblo, que camina siempre a tientas y como en tinieblas, toma por verdadera causa, y a la que sin razón da este nombre. He aquí por qué unos consideran rodeada la Tierra por un torbellino, y la suponen fija en el centro del mundo; otros la conciben como una ancha artesa, que tiene por base el aire; pero no se cuidan de investigar el poder que la ha colocado del modo necesario para que fuera lo mejor posible; no creen en la existencia de ningún poder divino, sino que se imaginan haber encontrado un Atlas más fuerte, más inmortal y más capaz de sostener todas las cosas; y a este bien, que es el único capaz de ligar y abrazarlo todo, lo tienen por una vana idea. Yo con el mayor gusto me habría hecho discípulo de cualquiera que me hubiera enseñado esta causa; pero al ver que no podía alcanzar a conocerla, ni por mí mismo, ni por medio de los demás, ¿quieres, Cebes, que te diga la segunda tentativa que hice para encontrarla?

—Lo quiero con todo mi corazón —dijo Cebes.

—Cansado de examinar todas los cosas, creí que debía estar prevenido para que no me sucediese lo que a los que miran un eclipse de sol; que pierden la vista si no toman la precaución de observar en el agua o en cualquiera otro medio la imagen de este astro. Algo de esto pasó en mi espíritu; y temí perder los ojos del altura, si miraba los objetos con los ojos del cuerpo, y si me servía de mis sentidos para tocarlos y conocerlos. Me convencí de que debía recurrir a la razón, y buscar en ella la verdad de todas las cosas. Quizá la imagen de que me sirvo para explicarme, no es enteramente exacta; porque yo mismo no estoy conforme en que el que mira las cosas en la razón, las mire más aún por medio de otra cosa, que el que las ve en sus fenómenos; pero sea de esto lo que quiera, este es el camino que adopté; y desde entonces, tomando por fundamento lo que me parece lo mejor, tengo por verdadero todo lo que está en este caso, trátese de las cosas o de las causas: y lo que no está conforme con esto, lo desecho como falso. Pero voy a explicarme con más claridad, porque me parece que no me entiendes aún.

—No, ¡por Júpiter! Sócrates —dijo Cebes—, no te comprendo lo bastante.

—Sin embargo, replicó Sócrates, nada digo de nuevo; digo lo que he manifestado en mil ocasiones, y lo que acabo de repetir en la discusión precedente. Para explicarte el método de que me he servido en la indagación de las causas, vuelvo desde luego a lo que tantas veces he expuesto; por ello voy a comenzar tomándolo por fundamento. Digo, pues, que hay algo que es bueno, que es bello, que es grande por sí mismo. Si me concedes este principio, espero demostrarte por este medio que el alma es inmortal.

—Te lo concedo —dijo Cebes—, y trabajo te costará llevar a cabo tan pronto tu demostración.

—Ten en cuenta lo que voy a decirte, y mira si estás de acuerdo conmigo. Me parece que si hay alguna cosa bella, además de lo bello en sí, no puede ser bella sino porque participa de lo que es bello en sí; y lo mismo digo de todas las demás cosas. ¿Concedes esta causa?

—Sí, la concedo.

—Entonces ya no entiendo ni puedo comprender esas otras causas tan pomposas de que se nos habla. Y así, si alguno llega a decirme que lo que constituye la belleza de una cosa es la vivacidad de los colores, o la proporción de sus partes u otras cosas semejantes, abandono todas estas razones que sólo sirven para turbarme, y respondo, como por instinto y sin artificio, y quizá con demasiada sencillez, que nada hace bella a la cosa más que la presencia o la comunicación con la belleza primitiva, cualquiera que sea la manera como esta comunicación se verifique; porque no pasan de aquí mis convicciones. Yo sólo aseguro que todas las cosas bellas lo son a causa de la presencia en ellas de lo bello en sí. Mientras me atenga a este principio no creo engañarme; y estoy persuadido de que puedo responder con toda seguridad que las cosas bellas son bellas a causa de la presencia de lo bello. ¿No te parece a ti lo mismo?

—Perfectamente.

—En la misma forma, las cosas grandes, ¿no son grandes a causa de la magnitud, y las pequeñas a causa de la pequeñez?

—Sí.

—Si uno pretendiese que un hombre es más grande que otro, llevándole la cabeza, y que este es pequeño en la misma proporción, ¿no serías de su opinión? Pero sostendrías que lo que quieres decir es que todas las cosas que son más grandes que otras, no lo son sino causa de la magnitud; que es la magnitud misma la que las hace grandes; y en la misma forma, que las cosas pequeñas no son más pequeñas sino a causa de la pequeñez, siendo la pequeñez la que hace que sean pequeñas. Y me imagino que, al sostener esta opinión, temerías una objeción embarazosa que te podían hacer. Porque si dijeses que un hombre es más grande o más pequeño que otro con exceso de la cabeza, te podrían responder, por lo pronto, que el mismo objeto constituía la magnitud del más grande, y la pequeñez del más pequeño; y que a la altura de la cabeza, que es pequeña en sí misma, es a lo que el más grande debería su magnitud; y sería en verdad maravilloso que un hombre fuese grande a causa de una cosa pequeña. ¿No tendrías este temor?

—Sin duda —replicó Cebes sonriéndose.

—¿No temerías por la misma razón decir que diez son más que ocho porque exceden en dos? ¿No dirías más bien que esto es a causa de la cantidad? Y lo mismo tratándose de dos codos, ¿no dirías que son más grandes que uno a causa de la magnitud, más bien que a causa del codo más? Porque aquí hay el mismo motivo para temer la objeción.

—Tienes razón.

—Pero, ¿no tendrías dificultad en decir que si se añade uno a uno, la adición es la causa del múltiple dos, o que si se divide uno en dos, la causa es la división? ¿No afirmarías más bien que no conoces otra causa de cada fenómeno que su participación en la esencia propia de la clase a que cada uno pertenezca; y que, por consiguiente, tú no ves que sea otra la causa del múltiple dos que su participación en la *dualidad*, de que participa necesariamente todo lo que se hace dos, como todo lo que se hace uno participa de la *unidad*? ¿No abandonarías las adiciones, las divisiones y todas las sutilezas de este género, dejando a los más sabios sentar sobre semejantes bases sus razonamientos, mientras que tú, retenido, como suele decirse, por miedo a tu sombra o más bien a tu ignorancia, te atendrías al sólido principio que nosotros hemos establecido? Y si se impugnara este principio, ¿le dejarías sin defensa antes de haber examinado todas las consecuencias que de él se derivan para ver si entre ellas hay o no acuerdo? Y si te vieses obligado a dar razón de esto, ¿no lo harías suponiendo otro principio más elevado hasta que hubieses encontrado algo seguro que te dejara satisfecho? ¿Y no evitarías embrollarlo todo como ciertos disputadores, y confundir el primer principio con los que de él se derivan, para llegar a la verdad de las cosas? Es cierto que quizá a estos disputadores les importa poco la verdad, y que al mezclar de esta suerte todas las cosas mediante su profundo saber, se contentan con darse gusto a sí mismos; pero tú, si eres verdadero filósofo, harás lo que yo te he dicho.

—Tienes razón —dijeron al mismo tiempo Simmias y Cebes.

Equécrates — ¡Por Júpiter! Hicieron bien en decir esto, Fedón; porque me ha parecido que Sócrates se explicaba con una claridad admirable, aun para los menos entendidos.

Fedón — Así pareció a todos los que se hallaban allí presentes.

Equécrates — Y a nosotros, que no estábamos allí, nos parece lo mismo, vista la relación que nos haces. Pero ¿qué sucedió después?

Fedón — Me parece, si mal no recuerdo, que después de haberle concedido que toda idea existe en sí, y que las cosas que participan de esta idea toman de ella su denominación, continuó de esta manera:

—Si este principio es verdadero, cuando dices que Simmias es más grande que Sócrates y más pequeño que Fedón, ¿no dices que en Simmias se encuentran al mismo tiempo la magnitud y la pequeñez?

—Sí —dijo Cebes.

—Habrás de convenir en que si tú dices: Simmias es más grande que Sócrates; esta proposición no es verdadera en sí misma, porque no es cierto que Simmias sea más grande porque es Simmias, sino que es más grande porque accidentalmente tiene la magnitud. Tampoco es cierto que sea más grande que Sócrates, porque Sócrates es Sócrates, sino porque Sócrates participa de la pequeñez en comparación con la magnitud de Simmias.

—Así es la verdad.

—Simmias, en igual forma, no es más pequeño que Fedón, porque Fedón es Fedón, sino porque Fedón es grande cuando se le compara con Simmias, que es pequeño.

—Así es.

—Simmias es llamado a la vez grande y pequeño, porque está entre los dos; es más grande que el uno a causa de la superioridad de su magnitud, y es inferior, a causa de su pequeñez, a la magnitud del otro.

Y echándose a reír al mismo tiempo, dijo:

—Me parece que me he detenido demasiado en estas explicaciones; pero al fin, lo que he dicho es exacto.

Cebes convino en ello.

—He insistido en esta doctrina, porque deseo atraeros a mi opinión. Y me parece que no sólo la magnitud no puede nunca ser al mismo tiempo grande y pequeña, sino también que la magnitud, que está en nosotros, no admite la pequeñez, ni puede ser sobrepujada; porque una de dos cosas: o la magnitud huye y se retira al aproximarse su contraria, que es la pequeñez; o cesa de existir y perece; pero si alguna vez ella subsiste y recibe en sí la pequeñez, no podrá por esto ser otra cosa que lo que ella era. Así, por ejemplo, después de haber recibido en mí la pequeñez, yo quedo el mismo que era antes, con la sola diferencia de ser además pequeño. La magnitud no puede ser pequeña al mismo tiempo que es grande; y de igual modo la pequeñez, que está en nosotros, no toma nunca el puesto de la magnitud; en una palabra, ninguna cosa contraria, en tanto que lo es, puede hacerse o ser su contraria, sino que cuando la otra llega, o se retira, o perece.

Cebes convino en ello; pero uno de los que estaban presentes, (no recuerdo quién era), dirigiéndose a Sócrates, le dijo:

—¡Ah, por los dioses!, ¿no has admitido ya lo contrario de lo que dices? Porque, ¿no hemos convenido en que lo más grande nace de lo más pequeño y lo más pequeño de lo más grande; en una palabra, que las contrarias nacen siempre de sus contrarias? Y ahora me parece haberte oído que nunca puede suceder esto.

Sócrates, inclinando un tanto su cabeza hacia adelante, como para oír mejor, le dijo:

—Muy bien; tienes razón al recordarnos los principios que hemos establecido; pero no ves la diferencia que hay entre lo que hemos sentado antes y lo que decimos ahora. Dijimos que una cosa nace siempre de su contraria, y ahora decimos que lo contrario no se convierte nunca en lo contrario a sí mismo, ni en nosotros, ni en la naturaleza. Entonces hablábamos de las cosas que tienen sus contrarias, cada una de las cuales podíamos designar con su nombre; y aquí hablamos de las esencias mismas, cuya presencia en las cosas da a estas sus nombres, y de estas últimas es de las que decimos que no pueden nunca nacer la una de la otra.

Y al mismo tiempo, mirando a Cebes, le dijo:

—La objeción que se acaba de proponer, ¿ha causado en ti alguna turbación?

—No, Sócrates; no soy tan débil, aunque hay cosas capaces de turbarme.

—Estamos, pues, unánime y absolutamente conformes —replicó Sócrates—, en que nunca un contrario puede convertirse en lo contrario a sí mismo.

—Es cierto —dijo Cebes.

—Vamos a ver si convienes en esto: ¿hay algo que se llama frío y algo que se llama caliente?

—Seguramente.

—¿Como la nieve y el fuego?

—No, ¡por Júpiter!

—¿Lo caliente es entonces diferente del fuego, y lo frío diferente de la nieve?

—Sin dificultad.

—Convendrás, yo creo, en que cuando la nieve ha recibido calor, como decíamos antes, ya no será lo que era, sino que desde el momento que se la aplique el calor, le cederá el puesto o desaparecerá enteramente.

—Sin duda.

—Lo mismo sucede con el fuego, tan pronto como le supere el frío; y así se retirará o perecerá, porque apenas se le haya aplicado el frío, no podrá ser ya lo que era, y no será fuego y frío a la vez.

—Muy bien —dijo Cebes.

—Es, pues, tal la naturaleza de algunas de estas cosas, que no sólo la misma idea conserva siempre el mismo nombre, sino que este nombre sirve igualmente para otras cosas que no son lo que ella es en sí misma, pero que tienen su misma forma mientras existen. Algunos ejemplos aclararán lo que quiero decir. Lo impar debe tener siempre el mismo nombre. ¿No es así?

—Sí, sin duda.

—Ahora bien, dime: ¿es esta la única cosa que tiene este nombre, o hay alguna otra cosa que no sea lo impar y que, sin embargo, sea preciso designar con este nombre, por ser de tal naturaleza, que no puede existir sin lo impar? Como, por ejemplo, el número tres y muchos otros; pero fijémonos en el tres. ¿No te parece que el número tres debe ser llamado siempre con su nombre, y al mismo tiempo con el nombre de impar, aunque lo impar no es lo mismo que el número tres? Sin embargo, tal es la naturaleza del tres, del cinco y de la mitad de los números, que aunque cada uno de ellos no sea lo que es lo impar, es, no obstante, siempre impar. Lo mismo sucede con la otra mitad de los números, como dos, cuatro; aunque no son lo que es lo par, es cada uno de ellos, sin embargo, siempre par. ¿No estás conforme?

—¿Y cómo no?

—Fíjate en lo que voy a decir. Me parece que no sólo estas contrarias que se excluyen, sino también todas las demás cosas, que sin ser contrarias entre sí, tienen, sin embargo, siempre sus contrarias, no pueden dejarse penetrar por la esencia, que es contraria a la que ellas tienen, sino que tan pronto como esta esencia aparece, ellas se retiran o perecen. El tres, por ejemplo, ¿no perecerá antes que hacerse en ningún caso número par, permaneciendo tres?

—Seguramente —dijo Cebes.

—Sin embargo —dijo Sócrates—, el dos no es contrario al tres.

—No, sin duda.

—Luego las contrarias no son las únicas cosas que no consienten sus contrarias, sino que hay todavía otras cosas también incompatibles.

—Es cierto.

—¿Quieres que las determinemos en cuanto nos sea posible?

—Sí.

—¿No serán aquellas, ¡oh Cebes!, que obligan a la cosa en que se encuentran, cualquiera que sea, no sólo a retener la idea que es en ellas esencial, sino también a rechazar toda otra idea contraria a ésta?

—¿Qué dices?

—Lo que decíamos antes. Todo aquello en que se encuentra la idea de tres, debe necesariamente, no sólo permanecer tres, sino permanecer también impar.

—¿Quién lo duda?

—Por consiguiente, es imposible que en una cosa tal como esta penetre la idea contraria a la que constituye su esencia.

—Es imposible.

—Ahora bien, lo que constituye su esencia, ¿no es el impar?

—Sí.

—Y la idea contraria a lo impar, ¿no es la idea de lo par?

—Sí.

—Luego la idea de lo par no se encuentra nunca en el tres.

—No, sin duda.

—El tres, por lo tanto, no consiente lo par.

—No lo consiente.

—Porque el tres es impar.

—Seguramente.

—He aquí lo que queríamos sentar como base; que hay ciertas cosas, que, no siendo contrarias a otras, las excluyen, lo mismo que si fuesen contrarias, como el tres que aunque no es contrario al número par, no lo consiente, lo desecha; como el dos, que lleva siempre consigo algo contrario al número impar; como el fuego, el frío y muchas otras. Mira ahora, si admitirías tú la siguiente definición: no sólo lo contrario no consiente su contrario, sino que todo lo que lleva consigo un contrario, al comunicarse con otra cosa, no consiente nada que sea contrario al contrario que lleva en sí. Piénsalo bien, porque no se pierde el tiempo en repetirlo muchas veces. El cinco no será nunca compatible con la idea de par; como el diez, que es dos veces aquel, no lo será nunca con la idea de impar; y este dos, aunque su contraria no sea la idea de lo impar, no admitirá, sin embargo, la idea de lo impar, como no consentirán nunca idea de lo entero las tres cuartas partes, la tercera parte, ni las demás fracciones; si es cosa que me has entendido y estás de acuerdo conmigo en este punto. Ahora bien; voy a reasumir mis primeras preguntas: y tú, al responderme, me contestarás, no en forma idéntica a ellas, sino en forma diferente, según el ejemplo que voy a ponerte; porque además de la manera de responder que hemos usado, que es segura, hay otra que no lo es menos; puesto que si me preguntases qué es lo que produce el calor en los cuerpos, yo no te daría la respuesta, segura sí, pero necia, de que es el calor; sino que, de lo que acabamos de decir, deduciría una respuesta más acertada, y te diría: es el fuego; y si me preguntas qué es lo que hace que el cuerpo esté enfermo, te respondería que no es la enfermedad, sino la fiebre. Si me preguntas qué es lo que constituye lo impar, no te responderé la imparidad, sino la unidad; y así de las demás cosas. Mira si entiendes suficientemente lo que quiero decirte.

—Te entiendo perfectamente.

—Respóndeme, pues —continuó Sócrates—. ¿Qué es lo que hace que el cuerpo esté vivo?

—Es el alma.

—¿Sucede así constantemente?

—¿Cómo no ha de suceder? —dijo Cebes.

—¿El alma lleva, por consiguiente, consigo la vida a donde quiera que ella va?

—Es cierto.

—¿Hay algo contrario a la vida, o no hay nada?

—Sí, hay alguna cosa.

—¿Qué cosa?

—La muerte.

—El alma, por consiguiente, no consentirá nunca lo que es contrario a lo que lleva siempre consigo. Esto se deduce rigurosamente de nuestros principios.

—La consecuencia es indeclinable —dijo Cebes.

—Pero, ¿cómo llamamos a lo que no consiente nunca la idea de lo par?

—Lo impar.

—¿Cómo llamamos a lo que no consiente nunca la justicia, y a lo que no consiente nunca el orden?

—La injusticia y el desorden.

—Sea así: y a lo que no consiente nunca la muerte, ¿cómo lo llamamos?

—Lo inmortal.

—El alma, ¿no consiente la muerte?

—No.

—El alma es, por consiguiente, inmortal.

—Inmortal.

—¿Diremos que esto está demostrado, o falta algo a la demostración?

—Está suficientemente demostrado, Sócrates.

—Pero, Cebes, si fuese una necesidad que lo impar fuese imperecible, ¿el tres no lo sería igualmente?

—¿Quién lo duda?

—Si lo que no tiene calor fuese necesariamente imperecible, siempre que alguno aproximase el fuego a la nieve, ¿la nieve no subsistiría sana y salva?

Porque ella no perecería; y por mucho que se la expusiese al fuego, no recibiría nunca el calor.

—Muy cierto.

—En la misma forma, si lo que no es susceptible de frío fuese necesariamente imperecible, por mucho que se echara sobre el fuego algo frío, nunca el fuego se extinguiría, nunca perecería; por el contrario, quedaría con toda su fuerza.

—Es de necesidad absoluta.

—Precisamente tiene que decirse lo mismo de lo que es inmortal. Si lo que es inmortal no puede perecer jamás, por mucho que la muerte se aproxime al alma, es absolutamente imposible que el alma muera; porque, según acabamos de ver, el alma no recibirá nunca en sí la muerte, jamás morirá; así como el tres, y lo mismo cualquiera otro número impar, no puede nunca ser par; como el fuego no puede ser nunca frío, ni el calor del fuego convertirse en frío. Alguno me dirá quizá: en que lo impar no puede convertirse en par por el advenimiento de lo par, estamos conformes; ¿pero qué obsta para que, si lo impar llega a perecer, lo par ocupe su lugar? A esta objeción yo no podría responder que lo impar no perece, si lo impar no es imperecible. Pero si le hubiéramos declarado imperecible, sostendríamos con razón que siempre que se presentase lo par, el tres y lo impar se retirarían, pero de ninguna manera perecerían; y lo mismo diríamos del fuego, de lo caliente y de otras cosas semejantes. ¿No es así?

—Seguramente —dijo Cebes.

—Por consiguiente, viniendo a la inmortalidad, que es de lo que tratamos al presente, si convenimos en que todo lo que es inmortal es imperecible, el alma necesariamente es, no sólo inmortal, sino absolutamente imperecible. Si no convenimos en esto, es preciso buscar otras pruebas.

—No es necesario —dijo Cebes—, porque, ¿a qué podríamos llamar imperecible, si lo que es inmortal y eterno estuviese sujeto a perecer?

—No hay nadie —replicó Sócrates—, que no convenga en que ni Dios, ni la esencia y la idea de la vida, ni cosa alguna inmortal pueden perecer.

—¡Por Júpiter! Todos los hombres reconocerán esta verdad —dijo Cebes—; y pienso que mejor aún convendrán en ello los dioses.

—Si es cierto que todo lo que es inmortal es imperecible, el alma que es inmortal, ¿no está eximida de perecer?

—Es necesario.

—Así, pues, cuando la muerte sorprende al hombre, lo que hay en él de mortal muere, y lo que hay de inmortal se retira, sano e incorruptible, cediendo su puesto a la muerte.

—Es evidente.

—Por consiguiente, si hay algo inmortal e imperecible, mi querido Cebes, el alma debe serlo; y por lo tanto, nuestras almas existirán en otro mundo.

—Nada tengo que oponer a eso, Sócrates —dijo Cebes—; y no puedo menos de rendirme a tus razones; pero si Simmias o algún otro tienen alguna cosa que objetar, harán muy bien en no callar; porque ¿qué momento ni qué ocasión mejores pueden encontrar para conversar y para ilustrarse sobre estas materias?

—Yo —dijo Simmias— nada tengo que oponer a lo que ha manifestado Sócrates, si bien confieso que la magnitud del objeto y la debilidad natural al hombre me inclinan, a pesar mío, a una especie de desconfianza.

—No sólo lo que manifiestas, Simmias —dijo Sócrates—, está muy bien dicho, sino que por seguros que nos parezcan nuestros primeros principios, es preciso volver de nuevo a ellos para examinarlos con más cuidado. Cuando los hayas comprendido suficientemente, conocerás sin dificultad la fuerza de mis razones, en cuanto es posible a hombre; y cuando te convenzas, no buscarás otras pruebas.

—Muy bien —dijo Cebes.

—Amigos míos, una cosa digna de tenerse en cuenta es, que si el alma es inmortal, hay necesidad de cuidarla, no sólo durante la vida, sino también para el tiempo que viene después de la muerte; porque si bien lo reflexionáis, es muy grave el abandonarla. Si la muerte fuese la disolución de toda existencia, sería una gran cosa para los malos verse después de su muerte, libres de su cuerpo, de su alma, y de sus vicios; pero, supuesta la inmortalidad del alma, ella no tiene otro medio de librarse de sus males, ni puede procurarse la salud de otro modo, que haciéndose muy buena y muy sabia. Porque al salir de este mundo sólo lleva consigo sus costumbres y sus hábitos, que son, según se dice, la causa de su felicidad o de su desgracia desde el primer momento de su llegada. Dícese, que después de la muerte de alguno, el genio, que le ha conducido durante la vida, lleva el alma a cierto lugar, donde se reúnen todos los muertos para ser juzgados, a fin de que vayan desde allí a los infiernos con el guía, que es el encargado de conducirles de un punto a otro; y después que han recibido allí los bienes o los males, a que se han hecho acreedores, y han permanecido en aquella estancia todo el tiempo que les fue designado, otro conductor los vuelve a la vida presente después de muchas revoluciones de siglos. Este camino no es lo que Telefo dice en Esquiles: «un camino sencillo conduce a los infiernos». No es ni único ni sencillo; si lo fuese, no habría necesidad de guía, porque nadie puede extraviarse cuando el camino es único; tiene, por el contrario, muchas revueltas y muchas travesías, como lo infiero de lo que se practica en nuestros sacrificios y en nuestras ceremonias religiosas. El alma, dotada de templanza y sabiduría, sigue a su guía voluntariamente, porque sabe la suerte que le espera; pero la que está clavada a su cuerpo por sus pasiones, como dije antes, y permanece largo tiempo ligada a este mundo visible, sólo después de haber resistido y sufrido mucho, es cuando el genio que la ha sido destinado consigue arrancarla como por fuerza y a pesar suyo. Cuando llega de esta manera al punto donde se reúnen todas las almas, si es impura, si se ha manchado en algún asesinato o cualquier otro crimen atroz, acciones muy propias de su índole, todas las demás almas huyen de ella, y la tienen horror; no encuentra ni quien la acompañe, ni quien la guíe; y anda errante y completamente abandonada, hasta que la necesidad la arrastra a la mansión que merece. Pero la que ha pasado su vida en la templanza y en la pureza, tiene los dioses mismos por compañeros y por guías, y va a habitar el lugar que le está preparado, porque hay lugares diversos y maravillosos en la tierra, la cual, según he aprendido de alguien, no es como se figuran los que acostumbran a describirla.

Entonces Simmias dijo:

—¿Qué dices, Sócrates? He oído contar muchas cosas de esa tierra, pero no las que te han enseñado a ti. Te escucharé gustoso en adelante.

—Para referirte la historia de esto, mi querido Simmias, no creo haya necesidad del arte de Glauco. Mas probarte su verdad es más difícil, y no sé si todo el arte de Glauco bastaría al efecto. Semejante empresa no sólo está quizá por encima de mis fuerzas, sino que aun cuando no lo estuviese, el poco tiempo, que me queda de vida, no permite que entablemos tan larga discusión. Todo lo que yo puedo hacer es darte una idea general de esta tierra y de los lugares diferentes que encierra, tales como yo me los figuro.

—Eso nos bastará —dijo Simmias.

—En primer lugar —continuó Sócrates—, estoy persuadido de que si la tierra está en medio del cielo y es de forma esférica, no tiene necesidad ni del aire ni de ninguno otro apoyo, para no caer; sino que el cielo mismo, que la rodea por todas partes, y su propio equilibrio, bastan para que se sostenga, porque todo lo que está en equilibrio, en medio de una cosa que le oprime igualmente por todos puntos, no puede inclinarse a ningún lado, y por consiguiente subsiste fija e inmóvil. Esta es mi persuasión.

—Con razón —dijo Simmias.

—Por otra parte, estoy convencido de que la tierra es muy grande, y que nosotros sólo habitamos la parte que se extiende desde el Faso hasta las columnas de Hércules, derramados a orillas de la mar como hormigas o como ranas alrededor de una laguna. Hay otros pueblos, a mi parecer, que habitan regiones que nos son desconocidas, porque en la superficie de la tierra se encuentran por todas partes cavernas de todas formas y dimensiones, llenas siempre de un aire grueso, de espesos vapores y de aguas que afluyen allí de todas partes. Pero la tierra misma está en lo alto, en ese cielo puro, en que se encuentran los astros, y al que la mayor parte de los que hablan de esto llaman *Éter*, del cual es un mero sedimento lo que afluye a las cavidades que habitamos. Sumidos en estas cavidades creemos, sin dudarlo, que habitamos lo más elevado de la tierra, que es poco más o menos lo mismo que si uno, teniendo su habitación en las profundidades del Océano, se imaginase que habitaba por encima del mar; y viendo a través del agua el sol y los demás astros, tomase el mar por el cielo; y que no habiendo, a causa de su peso y de su debilidad, subido nunca arriba, ni sacado en toda su vida la cabeza fuera del agua, ignorase cuánto más puro y hermoso es este lugar que el que él habita, no habiéndolo visto, ni tampoco encontrado persona que pudiera enseñárselo. He aquí justamente la situación en que nos hallamos. Confinados en algunas cavidades de la tierra, creemos habitar en lo alto; tomamos el aire por el cielo, y creemos que es el verdadero cielo, en el que todos los astros verifican sus revoluciones. La causa de nuestro error es que nuestro peso y nuestra debilidad nos impiden elevarnos por encima del aire, porque si alguno se fuera a lo alto y pudiese elevarse con alas, apenas estuviese su cabeza fuera de nuestro espeso aire vería lo que pasa en aquella dichosa estancia; en la misma forma que los peces, si se elevaran por cima de la superficie de los mares, verían lo que pasa en el aire, que nosotros respiramos; y si fuese de una naturaleza capaz de larga meditación, conocería que este era el verdadero cielo, la verdadera luz, la verdadera tierra. Porque esta tierra que pisamos, estas piedras y todos estos lugares que habitamos, están enteramente roídos y corrompidos, como lo que está bajo las aguas del mar, roído también por la acritud de las sales. Así es que en el mar nada nace perfecto, ni tiene ningún valor; no hay allí más que cavernas, arena y cieno; y si alguna tierra se encuentra, es sólo fango, sin que sea posible comparar nada de lo que allí existe con lo que aquí vemos. Pero lo que se encuentra en la otra mansión está muy por encima de lo que vemos en esta; y para daros a conocer la belleza de esta tierra pura, cine está en el centro del cielo, os referiré, si queréis, una preciosa fábula, que bien merece que la escuchéis.

—La escucharemos con muchísimo placer, Sócrates —dijo Simmias.

—En primer lugar, mi querido Simmias, dícese que mirando esta tierra desde un punto elevado, parece como una de nuestras pelotas de viento, cubierta con doce bandas de diferentes colores, de las que no son sino una muestra las que usan los pintores; porque los colores de esta tierra son infinitamente más brillantes y más puros. Una es de color de púrpura, maravilloso; otra de color de oro; esta de un blanco más brillante que la nieve y el yeso; y así de todos los demás colores, que son de una calidad y de una belleza, a que en manera alguna se aproximan los que aquí vemos. Las cavidades mismas de esta tierra, llenas de agua y aire, muestran cierta variedad y son distintas entre sí; de manera que el aspecto de la tierra presenta una infinidad de matices maravillosos admirablemente diversificados. En esta otra tierra tan acabada, todo es de una perfección que guarda proporción con ella, los árboles, las flores, los frutos; las montañas y las piedras son tan tersas y de una limpieza y de un brillo tal, que no hay nada que se les parezca. Nuestras esmeraldas, nuestros jaspes, nuestras ágatas, que tanto estimamos aquí, no son más que pequeños pedacitos de ella. No hay una sola piedra en esta dichosa tierra que no sea infinitamente más bella que las nuestras; y la causa de esto es, porque todas estas piedras preciosas son puras, no están roídas ni mordidas como las nuestras por la acritud de las sales y por la corrupción de los sedimentos que de allí descienden a nuestra tierra inferior, donde se acumulan e infestan no sólo las piedras y la tierra, sino también las plantas y los animales. Además de todas estas bellezas, esta dichosa tierra es rica en oro, plata y otros metales, que, derramados en abundancia por todas partes, despiden por uno y otro lado una brillantez que encanta la vista; de manera que el aspecto de esta tierra es un espectáculo de bienaventurados. Está habitada por toda clase de animales y por hombres derramados unos por el campo y otros alrededor del aire, como estamos nosotros alrededor del mar. Los hay que habitan en islas, que el aire forma cerca del continente; porque el aire es allí lo que son aquí el agua y el mar para nuestro uso; y lo que para nosotros es el aire para ellos es el éter. Sus estaciones son tan templadas, que viven más que nosotros y están siempre libres de enfermedades; y en razón de la vista, el oído, el olfato y de todos los demás sentidos, y hasta en razón de la inteligencia misma, están tan por cima de nosotros, como lo están el aire respecto del agua y el éter respecto del aire. Allí tienen bosques sagrados y templos que habitan verdaderamente los dioses, los cuales dan señales de su presencia por los oráculos, las profecías, las inspiraciones y por todos los demás signos, que acusan la comunicación con ellos. Allí ven también el Sol y la Luna tales como son; y en lo demás su felicidad guarda proporción con todo esto.

»He aquí lo que es esta tierra con todo lo que la rodea. En torno suyo, en sus cavidades, hay muchos lugares; unos más profundos y más abiertos que el país que nosotros habitamos; otros más profundos y menos abiertos; y los hay que tienen menos profundidad y más extensión. Todos estos lugares están taladrados por abajo en muchos puntos, y comunican entre sí por conductos, a través de los cuales corren como fuentes una cantidad inmensa de agua, ríos subterráneos inagotables, manantiales de aguas frías y calientes, ríos de fuego y otros de cieno, unos más líquidos, otros más cenagosos, como los torrentes de cieno y de fuego que en Sicilia preceden a la lava. Estos sitios se llenan de una u otra materia, según la dirección que toman las corrientes, a medida que se derraman. Todos estos surtidores se mueven bajando y subiendo como un balancín suspendido en el interior de la tierra. He aquí cómo se verifica este movimiento. Entre las aberturas de la tierra hay una que es la más grande, que la atraviesa por entero. Homero habla de ella cuando dice: *muy lejos, en el abismo más profundo que existe en las entrañas de la tierra.* Homero y la mayor parte de los poetas llaman a este lugar el Tártaro. Allí es donde todos los ríos reúnen sus aguas, y de allí es de donde en seguida salen. Cada uno de ellos participa de la naturaleza del terreno sobre que corre. Si estos ríos vuelven a correr en sentido contrario es porque el líquido no encuentra allí fondo, se agita suspendido en el vacío y hierve de arriba a abajo. El aire y el viento, que los rodean, hacen lo mismo; los siguen cuando suben y cuando bajan, y a la manera que se ve entrar y salir el aire incesantemente en los animales cuando respiran, en la misma forma el aire que se mezcla con estas aguas entra y sale con ellas, y produce vientos terribles y furiosos. Cuando estas aguas caen con violencia en el abismo inferior, del que os he hablado, forman corrientes, que se arrojan, a través de la tierra, en los lechos de los ríos que encuentran y que llenan como con una bomba. Cuando estas aguas salen de aquí y vienen a los sitios que nosotros habitamos, los llenan de la misma manera; y derramándose por todas partes sobre la superficie de la tierra, alimentan nuestros mares, nuestros ríos, nuestros estanques y nuestras fuentes. En seguida desaparecen, y sumiéndose en la tierra, los unos con grandes rodeos y los otros no con tantos, desaguan en el Tártaro, donde entran más bajos que habían salido, unos más, otros menos, pero todos algo. Unos salen y entran de nuevo en el Tártaro por el mismo lado, y otros por el opuesto a su salida; los hay que corren en círculo, y que después de haber dado vuelta a la tierra una y muchas veces, como las serpientes que se repliegan sobre sí mismas, bajándose lo más que pueden, marchan hasta la mitad del abismo, pero sin pasar de aquí, porque la otra mitad es más alta que su nivel. Estas aguas forman muchas corrientes y muy grandes, pero hay cuatro principales, la mayor de las cuales es la que corre más exteriormente y alrededor, y que se llama Océano. El que está enfrente de este es el Aqueronte, que corre en sentido opuesto al través de lugares desiertos, y que sumiéndose en la tierra, se arroja en la laguna Aquerusia, donde concurren la mayor parte de las almas de los muertos, que después de haber permanecido allí el tiempo que se les ha señalado, a unas más, a otras menos, son enviadas otra vez a este mundo para animar nuevos cuerpos. Entre el Aqueronte y el Océano corre un tercer río, que no lejos de su origen va a precipitarse en un extenso lugar lleno de fuego, y allí forma un lago más grande que nuestro mar, donde hierve el agua mezclada con el cieno; y saliendo de aquí negra y cenagosa, recorre la tierra y desemboca a la extremidad de la laguna Aquerusia sin mezclarse con sus aguas, y después de haber dado muchas vueltas bajo la tierra, se arroja en la parte más baja del Tártaro. Este río se llama Puriflegeton, del que se ven salir arroyos de llamas por muchas hendiduras de la tierra. A la parte opuesta el cuarto río cae primeramente en un lugar horrible y salvaje, que es, según se dice, de un color azulado. Se llama este lugar Estigio, y laguna Estigia la que forma el río al caer. Después de haber tomado en las aguas de esta laguna virtudes horribles, se sume en la tierra, donde da muchas vueltas y dirigiendo su curso frente por frente del Puriflegeton, le encuentra al fin en la laguna Aquerusia por la extremidad opuesta. Este río no mezcla sus aguas con las de los otros; pero después de haber dado su vuelta por la tierra, se arroja como los demás en el Tártaro por el punto opuesto al Puriflegeton. A este cuarto río llaman los poetas Cocito.

»Dispuestas así todas las cosas por la naturaleza, cuando los muertos llegan al lugar a que les ha conducido su guía, se les somete a un juicio, para saber si su vida en este mundo ha sido santa y justa o no. Los que no han sido ni enteramente criminales ni absolutamente inocentes, son enviados al Aqueronte, y desde allí son conducidos en barcas a la laguna Aquerusia, donde habitan sufriendo castigos proporcionados a sus faltas, hasta que, libres de ellos, reciben la recompensa debida a sus buenas acciones. Los que se consideran incurables a causa de lo grande de sus faltas y que han cometido muchos y numerosos sacrilegios, asesinatos inicuos y contra ley u otros crímenes semejantes, el fatal destino, haciendo justicia, los precipita en el Tártaro, de donde no saldrán jamás. Pero los que sólo han cometido faltas que pueden expiarse, aunque sean muy grandes, como haber cometido violencias contra su padre o su madre, o haber quitado la vida a alguno en el furor de la cólera, aunque hayan hecho por ello penitencia durante toda su vida, son sin remedio precipitados también en el Tártaro; pero, trascurrido un año, las olas los arrojan y echan los homicidas al Cocito, y los parricidas al Purifiegeton, que los arrastra hasta la laguna Aquerusia. Allí dan grandes gritos, y llaman a los que fueron asesinados y a todos aquellos contra quienes cometieron violencias, y los conjuran para que les dejen pasar la laguna, y ruegan se les reciba allí. Si los ofendidos ceden y se compadecen, aquellos pasan y se ven libres de todos los males; y si no ceden, son de nuevo precipitados en el Tártaro, que los vuelve a arrojar a los otros ríos hasta que hayan conseguido el perdón de los ofendidos, porque tal ha sido la sentencia dictada por los jueces. Pero los que han justificado haber pasado su vida en la santidad, dejan estos lugares terrestres como una prisión y son recibidos en lo alto, en esa tierra pura, donde habitan. Y lo mismo sucede con los que han sido purificados por la filosofía, los cuales viven por toda la eternidad sin cuerpo, y son recibidos en estancias aún más admirables. No es fácil que os haga una descripción de esta felicidad, ni el poco tiempo que me resta me lo permite. Pero lo que acabo de deciros basta, mi querido Simmias, para haceros ver que debemos trabajar toda nuestra vida en adquirir la virtud y la sabiduría, porque el precio es magnífico y la esperanza grande.

»Sostener que todas estas cosas son como yo las he descrito, ningún hombre de buen sentido puede hacerlo; pero lo que he dicho del estado de las almas y de sus estancias, es como os lo he anunciado o de una manera parecida; creo que, en el supuesto de ser el alma inmortal, puede asegurarse sin inconveniente; y la cosa bien merece correr el riesgo de creer en ella. Es un azar precioso a que debemos entregarnos, y con el que debe uno encantarse a sí mismo. He aquí por qué me he detenido tanto en mi discurso. Todo hombre, que durante su vida ha renunciado a los placeres y a los bienes del cuerpo y los ha mirado como extraños y maléficos, que sólo se ha entregado a los placeres que da la ciencia, y ha puesto en su alma, no adornos extraños, sino adornos que le son propios, como la templanza, la justicia, la fortaleza, la libertad, la verdad; semejante hombre debe esperar tranquilamente la hora de su partida para los infiernos, estando siempre dispuesto para este viaje cuando quiera que el destino le llame. Respecto a vosotros, Simmias y Cebes y los demás aquí presentes, haréis este viaje cuando os llegue vuestro turno. Con respecto a mí, la suerte me llama hoy, como diría un poeta trágico; y ya es tiempo de que me vaya al baño, porque me parece que es mejor no beber el veneno hasta después de haberme bañado, y ahorraré así a las mujeres el trabajo de lavar mi cadáver.

Cuando Sócrates hubo acabado de hablar, Critón, tomando la palabra, le dijo:

—Bueno, Sócrates; pero ¿no tienes nada que recomendarnos ni a mí ni a estos otros sobre tus hijos o sobre cualquier otro negocio en que podamos prestarte algún servicio?

—Nada más, Critón, que lo que os he recomendado siempre, que es el tener cuidado de vosotros mismos, y así haréis un servicio a mí, a mi familia y a vosotros mismos, aunque no me prometierais nada en este momento; mientras que si os abandonáis, si no queréis seguir el camino de que acabarnos de hablar, todas las promesas, todas las protestas que pudieseis hacerme hoy, todo esto de nada serviría.

—Haremos los mayores esfuerzos —respondió Critón—, para conducirnos de esa manera; pero, ¿cómo te enterraremos?

—Como gustéis —dijo Sócrates—; si es cosa que podéis cogerme y si no escapo a vuestras manos.

Y sonriéndose y mirándonos al mismo tiempo, dijo:

—No puedo convencer a Critón de que yo soy el Sócrates que conversa con vosotros y que arregla todas las partes de su discurso; se imagina siempre que soy el que va a ver morir luego, y en este concepto me pregunta cómo me ha de enterrar. Y todo ese largo discurso que acabo de dirigiros para probaros que desde que haya bebido la cicuta no permaneceré ya con vosotros, sino que os abandonaré e iré a gozar de la felicidad de los bienaventurados; todo esto me parece que lo he dicho en vano para Critón, como si sólo hubiera hablado para consolaros y para mi consuelo. Os suplico que seáis mis fiadores cerca de Critón, pero de contrario modo a como él lo fue de mi cerca de los jueces, porque allí respondió por mí de que no me fugaría. Y ahora quiero que vosotros respondáis, os lo suplico, de que en el momento que muera, me iré; a fin de que el pobre Critón soporte con más tranquilidad mi muerte, y que al ver quemar mi cuerpo o darle tierra no se desespere, como si yo sufriese grandes males, y no diga en mis funerales: que expone a Sócrates, que lleva a Sócrates, que entierra a Sócrates; porque es preciso que sepas, mi querido Critón, le dijo, que hablar impropiamente no es sólo cometer una falta en lo que se dice, sino causar un mal a las almas. Es preciso tener más valor, y decir que es mi cuerpo el que tú entierras; y entiérrale como te acomode, y de la manera que creas ser más conforme con las leyes.

Al concluir estas palabras se levantó y pasó a una habitación inmediata para bañarse. Critón le siguió, y Sócrates nos suplicó que le aguardásemos. Le aguardamos, pues, rodando mientras tanto nuestra conversación ya sobre lo que nos había dicho, haciendo sobre ello reflexiones, ya sobre la triste situación en que íbamos a quedar, considerándonos como hijos que iban a verse privados de su padre, y condenados a pasar el resto de nuestros días en completa orfandad.

Después de que saliera del baño le llevaron allí sus hijos; porque tenía tres, dos muy jóvenes y otro que era ya bastante grande, y con ellos entraron las mujeres de su familia. Habló con todos un rato en presencia de Critón, y les dio sus órdenes; en seguida hizo que se retirasen las mujeres y los niños, y vino a donde nosotros estábamos. Ya se aproximaba la puesta del sol, porque había permanecido largo rato en el cuarto del baño. En cuanto entró se sentó en su cama, sin tener tiempo para decirnos nada, porque el servidor de los Once entró casi en aquel momento y aproximándose a él, dijo:

—Sócrates, no tengo que dirigirte la misma reprensión que a los demás que han estado en tu caso. Desde que vengo a advertirles, por orden de los magistrados, que es preciso beber el veneno, se alborotan contra mí y me maldicen; pero respecto a ti, desde que estás aquí, siempre me has parecido el más firme, el más dulce y el mejor de cuantos han entrado en esta prisión; y estoy bien seguro de que en este momento no estás enfadado conmigo, y que sólo lo estarás con los que son la causa de tu desgracia, y a quienes tú conoces bien. Ahora, Sócrates, sabes lo que vengo a anunciarte; recibe mi saludo, y trata de soportar con resignación lo que es inevitable.

Dicho esto, volvió la espalda, y se retiró derramando lágrimas. Sócrates, mirándole, le dijo:

—Y también yo te saludo, amigo mío, y haré lo que me dices. Ved —nos dijo al mismo tiempo—, qué honradez la de este hombre; durante el tiempo que he permanecido aquí me ha venido a ver muchas veces; se conducía como el mejor de los hombres; y en este momento, ¡qué de veras me llora! Pero, adelante, Critón; obedezcámosle de buena voluntad, y que me traiga el veneno si está machacado; y si no lo está, que él mismo lo machaque.

—Pienso, Sócrates —dijo Critón—, que el sol alumbra todavía las montañas, y que no se ha puesto; y me consta, que otros muchos no han bebido el veneno sino mucho después de haber recibido la orden; que han comido y bebido a su gusto y aun algunos gozado de los placeres del amor; así que no debes apurarte, porque aún tienes tiempo.

—Los que hacen lo que tú dices, Critón —respondió Sócrates—, tienen sus razones; creen que eso más ganan, pero yo las tengo también para no hacerlo, porque la única cosa que creo ganar, bebiendo la cicuta un poco más tarde, es hacerme ridículo a mis propios ojos, manifestándome tan ansioso de vida, que intente ahorrar la muerte, cuando esta es absolutamente inevitable. Así, pues, mi querido Critón, haced lo que os he dicho, y no me atormentes más.

Entonces Critón hizo una seña al esclavo que tenía allí cerca. El esclavo salió, y poco después volvió con el que debía suministrar el veneno, que llevaba ya disuelto en una copa. Sócrates viéndole entrar, le dijo:

—Muy bien, amigo mío; es preciso que me digas lo que tengo que hacer; porque tú eres el que debes enseñármelo.

—Nada más —le dijo este hombre— que ponerte a pasear después de haber bebido la cicuta, hasta que sientas que se debilitan tus piernas, y entonces te acuestas en tu cama.

Al mismo tiempo le alargó la copa. Sócrates la tomó, Equécrates, con la mayor tranquilidad, sin ninguna emoción, sin mudar de color ni de semblante; y mirando a este hombre con ojo firme y seguro, como acostumbraba, le dijo:

—¿Es permitido hacer una libación con un poco de este brebaje?

—Sócrates —le respondió este hombre—, sólo disolvemos lo que precisamente se ha de beber.

—Ya lo entiendo —dijo Sócrates—, pero por lo menos es permitido y muy justo dirigir oraciones a los dioses, para que bendigan nuestro viaje, y que le hagan dichoso; esto es lo que les pido, y ¡ojalá escuchen mis votos!

Después de haber dicho esto, llevó la copa a los labios, y bebió con una tranquilidad y una dulzura maravillosas.

Hasta entonces nosotros tuvimos fuerza para contener las lágrimas, pero al verle beber y después que hubo bebido, ya no fuimos dueños de nosotros mismos. Yo sé decir, que mis lágrimas corrieron en abundancia, y a pesar de todos mis esfuerzos no tuve más remedio que cubrirme con mi capa para llorar con libertad por mí mismo, porque no era la desgracia de Sócrates la que yo lloraba, sino la mía propia pensando en el amigo que iba a perder. Critón, antes que yo, no pudiendo contener sus lágrimas, había salido; y Apolodoro, que ya antes no había cesado de llorar, prorrumpió en gritos y en sollozos, que partían el alma de cuantos estaban presentes, menos la de Sócrates.

—¿Qué hacéis —dijo—, amigos míos? ¿No fue el temor de estas debilidades inconvenientes lo que motivó el haber alejado de aquí las mujeres? ¿Por qué he oído decir siempre que es preciso morir oyendo buenas palabras? Manteneos, pues, tranquilos, y dad pruebas de más firmeza.

Estas palabras nos llenaron de confusión, y retuvimos nuestras lágrimas.

Sócrates, que estaba paseándose, dijo que sentía desfallecer sus piernas, y se acostó de espalda, como el hombre le había ordenado. Al mismo tiempo este mismo hombre, que le había dado el veneno, se aproximó, y después de haberle examinado un momento los pies y las piernas, le apretó con fuerza un pie, y le preguntó si lo sentía, y Sócrates respondió que no. Le estrechó en seguida las piernas y, llevando sus manos más arriba, nos hizo ver que el cuerpo se helaba y se endurecía, y tocándole él mismo, nos dijo que en el momento que el frío llegase al corazón, Sócrates dejaría de existir. Ya el bajo vientre estaba helado, y entonces descubriéndose, porque estaba cubierto, dijo, y estas fueron sus últimas palabras:

—Critón, debemos un gallo a Esculapio; no te olvides de pagar esta deuda.

—Así lo haré —respondió Critón—; pero mira si tienes aún alguna advertencia que hacernos.

No respondió nada, y de allí a poco hizo un movimiento. El hombre aquel entonces lo descubrió por entero y vimos que tenía su mirada fija. Critón, viendo esto, le cerró la boca y los ojos.

He aquí, Equécrates, cuál fue el fin de nuestro amigo, del hombre, podemos decirlo, que ha sido el mejor de cuantos hemos conocido en nuestro tiempo; y por otra parte, el más sabio, el más justo de todos los hombres.